Les gifles du sel

Roman

Du même auteur

La Calanque Turquoise, 2004, Les 2 Encres

Lilla, 2008, Jacques André

L'Amertume du pamplemousse, 2012, Mon Petit Éditeur

Les Notes qui s'aiment, 2013, Mon Petit Éditeur

A quelle heure meurent les enfants ?, 2014, Mon Petit Éditeur

Tenue de route, 2015, Mon Petit Éditeur

Le Bal des pendues & Les Caprices de l'arbitraire, 2017, Mon Petit Éditeur

Le blues du grillon, 2019, Editions Complicités

ISBN : 9782351203804
Dépôt légal : 3ème trimestre 2021
www.editions-complicites.com

Jean-Pierre Chiron

Les gifles du sel

Roman

Éditions Complicités

Même quand un pays coule, son drapeau flotte.

Sylvain Tesson

Les mauvais souvenirs ont de longues ombres

R.J.Ellory

Qu'on soit Mozart ou Coltrane, c'est toujours le même blues qu'on traîne

David Mc Neil

Chapitre I

Quand l’or du soir tombe

Mogadiscio – Somalie - Afrique de l'Est

Il est dix-sept heures, le soleil cogne fort encore. Les écoliers regagnent leur maison, les rares touristes retrouvent le courage d'affronter la chaleur, les hommes envisagent une nouvelle terrasse et les femmes poursuivent leur labeur.

Sur la plage, les garçons discutent plus qu'ils ne nagent. Il n'y a pas de femmes. Leur voile efface l'idée même d'une baignade. La mer est agitée par des rouleaux immenses et frénétiques.

L'océan Indien n'est pas toujours accueillant.

La ville ressemble à une carcasse éventrée par vingt années de guerre. Rares sont les façades vierges d'impacts de balles. Pourtant, il règne aujourd'hui une douce agitation. Le marché bat son plein, les rires des enfants sucrent la touffeur, les voitures s'évitent miraculeusement.

Près du Jardin de la Paix, une douce euphorie gagne un groupe de jeunes adultes. Sur une vieille estrade de fortune, ils préparent le concert du soir. Un frère et une sœur, Deko et Saba, musiciens surdoués dont la notoriété enfle doucement mais sûrement. Il est pianiste, elle chante.

On attend beaucoup de monde, plusieurs centaines de personnes. Les premiers spectateurs arrivent déjà, s'installant çà et là sur des chaises en plastique multicolores, bien alignées encore.

Derrière un grand drap qui masque la scène, Deko pianote quelques arpèges en passant tout en revue : l'ordre des morceaux, la place des micros, les quelques lumières qui tenteront d'embellir le cadre. Il est si grand qu'il semble démesurément voûté face à son piano. Une sorte d'échassier épiant l'insecte à gober.

Devant lui, Saba accorde sa guitare, assise sur son tabouret haut. Elle a la finesse de son frère et la même peau ébène incroyablement sombre. Un nez tracé à la plume et des yeux immenses.

* *

Vingt heures trente, le public est là et l'impatience gagne doucement. Derrière la scène, Deko et Saba se concentrent. Ils se font face et se tiennent la main en se murmurant leurs mots habituels d'encouragement et de confiance.

Enfin, ils montent sur scène, leurs sourires illuminent le soir. Les applaudissements sont comme une pluie d'or. Toute leur famille est là : les parents, les oncles et tantes, les cousins. Ils sont leur pile, leur exigeante bienveillance.

En pantalon noir et chemise blanche, avec une gauche mais classique élégance, Deko s'assoit derrière son clavier. Il a avec son piano cette compréhension muette et instinctive dont rêvent tous les musiciens. Son miroir parfait. Saba, en robe colorée dans les tons de bleus, porte un magnifique tissu blanc noué en turban. Ses créoles immenses scintillent sous les lumières et les applaudissements. Sa main gauche soutient le manche de sa guitare et les bords de son bracelet en or appuient sur la saillie des os de son poignet délicat.

En un instant, les acclamations d'accueil font place au silence. Deko plaque quelques accords et la voix de sa sœur s'envole dans la nuit somalienne. Ses yeux sont clos, elle n'est plus qu'un timbre dans les étoiles.

Ils ne font qu'un

Il compose, elle écrit.

Il joue, elle chante.

Il contrôle, elle sourit.

Il est l'arbre, elle est l'ombre.

Ils enfilent leurs perles et le public est conquis. Les connaisseurs applaudissent les solos de Deko d'un air entendu, les charmés ne lâchent pas Saba des yeux, les sceptiques cèdent du terrain, inexorablement.

Au fond de la foule, deux ombres glissent silencieusement. Un de leur bras semble plus long, plaqué le long des jambes… Elles ne sont pas là pour la musique.

Vénissieux – France

Le capitaine Lou Grimaud et ses hommes descendent de la voiture et se dirigent vers l'homme allongé sur le trottoir au pied d'une tour de vingt étages. C'est un pompier. Son casque repose près de sa tête. La nuit masque un peu le désarroi des personnes présentes. Une tache sombre auréole la tête de la victime. Le silence qui devrait prévaloir dans cette circonstance est haché par les cris venant des fenêtres et les gyrophares qui déchirent la nuit.

Lou serre les mains des personnes présentes autour de la victime. Son visage est fermé et son menton a la tension des mauvais jours. Ses hommes savent voir cela. On lui explique les circonstances du drame puis elle s'accroupit près du défunt. Ses yeux balaient la scène, le visage du jeune homme puis les immeubles alentours. Elle masque difficilement son dégoût.

On vient de tuer un soldat du feu.

Pendant une bonne heure, son équipe s'active, premiers constats, échanges avec la Scientifique, repérage des lieux. Mais la tension est telle qu'elle empêche tout travail serein.

— Bon, inutile de rester davantage, confie-t-elle à Chauveau et Violeau. C'est trop tendu pour qu'on puisse faire quoi que ce soit ce soir. Convoquez les gradés et les témoins pour demain après-midi.

Dans la voiture, personne ne parle pendant cinq minutes, puis Violeau explose, contenant difficilement sa rage.

— Putain, c'est des pompiers qu'on attaque ! Ils sont venus là pour eux et ils se font caillasser, je peux pas comprendre ça !

— Y'a rien à comprendre, répond Chauveau, cherchant à épargner les nerfs de sa supérieure et compagne. Ils tirent sur tout ce qui représente l'Etat ou l'autorité, sans faire le tri, sans chercher à comprendre, sans réfléchir… Ils chassent sur leur territoire.

**

Lou est venue très tôt pour lire les comptes rendus des événements de la veille, parcourir la presse locale et téléphoner aux collègues de Vénissieux. A quatorze heures, quand tout le monde arrive, elle pense avoir bien fait le tour du sujet. Il y a là le lieutenant-colonel des pompiers Pierre Perrin, le capitaine Henri Joz. Un collègue de Vénissieux, le capitaine Marc Desvignes. Ses équipiers, Chauveau, Violeau et Ravier.

Debout face aux cinq hommes, elle résume les faits.

— Hier soir, vers 22 heures trente, dans le quartier des Minguettes, les pompiers de la caserne de la rue Pierre Corneille sont intervenus pour un début d'incendie dans le local poubelles d'un immeuble, avenue Jean Cagne. Arrivés sur les lieux, ils ont pu constater une tension importante. Une vingtaine de jeunes de la cité étaient là pour les « accueillir »... Malgré leurs efforts pour rester concentrés sur le sinistre, l'intervention a tourné au cauchemar et le sapeur première classe Patrick Devaquez a été pris à partie et roué de coups. Malgré l'intervention immédiate de ses collègues, il a été frappé mortellement par une arme blanche au niveau du cou et est décédé en quelques instants. D'après les constatations d'hier soir, confirmées ce matin, le feu est d'origine criminelle. C'est donc dans un véritable guet-apens que sont tombés vos hommes, Colonel Perrin. On peut parler de préméditation et de coups mortels portés avec intention de donner la mort. C'est la raison pour laquelle cette affaire se retrouve entre les mains de la PJ.

D'un regard Lou donne la parole à Ravier.

— Comme cela est désormais habituel, nous n'avons aucun témoin visuel. Personne ne veut parler... Les images des caméras de surveillance sont cependant assez nettes. On peut distinguer dix-huit jeunes cagoulés ou masqués. Ce ne sera pas facile de les identifier mais nous avons quand même quelques éléments. Les vêtements, et des gros plans exploitables.

Le lieutenant-colonel Perrin prend la parole. La quarantaine musclée et grisonnante, il a tout du gradé rassurant. Pourtant un léger voile trahit l'émotion dans sa voix grave.

— Toutes les quatre heures en France, un pompier est agressé en intervention. En général, ce sont des jets de pierres, des cocktails Molotov ou autres objets divers, des crachats, des insultes. Hier soir, nous avons franchi un palier. Mes hommes étaient attendus et, comme le souligne le capitaine Grimaud, la préméditation est avérée. Je n'ai aucun conseil à vous donner mais je crois qu'il va falloir frapper fort et vite si on ne veut pas, qu'à l'avenir, les pompiers se défendent eux-mêmes. Je ne vous cache pas qu'il est déjà difficile de les convaincre de se rendre dans certains quartiers. Pour l'instant, leur sens du dévouement et leur sérieux l'emportent, mais si on commence à les poignarder…

Après une heure et demie de réunion, Lou se retrouve avec ses coéquipiers devant un café âcre mais bienvenu.

— Bon… Violeau et Chauveau, vous vous rendez au commissariat de Vénissieux et vous creusez. Peut-on reconnaître certains agresseurs sur la vidéo ? Quel est l'historique des agressions de pompiers dans le quartier ? A-t-on une chance de trouver un témoin courageux ? Je monte voir le commandant Trivic pour le briefer puis j'appelle le juge d'instruction. Ravier, tu te renseignes sur la victime, tu nous fais un topo sur les agressions de pompiers. On se retrouve en fin d'après-midi.

Lou sort de la pièce en effleurant imperceptiblement le bras de Chauveau. C'est parfois difficile de contenir l'émotion créée par sa présence…

Mogadiscio – Somalie - Afrique de l'Est

Alors que Deko embarque l'assistance médusée dans un solo aérien, un fracas brise la magie. Comme un bruit mat. Répétitif. Des cris jaillissent, des bris de chaises, une bousculade. Les cris deviennent plaintes et le fracas, chaos.

Deux hommes masqués par un chèche noir mitraillent la foule. Ils sont calmes et méthodiques. Leurs gestes témoignent d'un sang froid professionnel, une science du meurtre, clinique.

Les deux musiciens mettent quelques secondes pour comprendre ce qui se passe. Deko se précipite sur sa sœur et l'entraîne à l'arrière de la scène. Ils reculent pas à pas, réalisant, à chaque centimètre parcouru, leur famille en danger, l'odeur de la mort, leur vie qui bascule.

Ils parviennent à se terrer sous une voiture. Deko serre Saba dans ses bras, ils n'ont pas échangé un mot. La fusillade continue, les balles semblent tirées de manière plus sporadique. A chaque tir, Saba sursaute et Deko la serre davantage comme si l'étreinte pouvait ralentir le rythme des tirs.

Les plaintes s'amenuisent mais ne cessent pas.

Tant de pensées se télescopent dans leur esprit, un concentré pur d'images superposées. Ils voient les chaises renversées, la nuit déchirée d'éclairs blancs, le bois du piano hérissé d'échardes, leurs parents blessés, les enfants atteints, les yeux des cadavres qui fixent le ciel, la fin de la musique, leur projet éteint, l'insouciance tuée, leur jeunesse morte.

Tout à coup, des sirènes résonnent au loin, les forces de l'ordre sans doute. Les mitraillettes vomissent de plus belle leur bile mortelle.

Comment peut-on avoir aussi peur ? Un mélange de sueur et d'un suc nauséabond, venu du fond de leurs entrailles les inonde. Un jus de terreur et de stress.

La fusillade redouble, se fait multiple, ça n'en finit pas.

Puis tout cesse en un instant.

Alors, les cris des policiers, les victimes qui appellent, les pleurs.

Ils n'osent bouger mais finissent par comprendre que le danger est passé. La mort aussi…

Hagards, ils rejoignent ce qui ressemble plus désormais à un champ de bataille qu'à un lieu de concert.

Des corps entassés, inanimés. D'autres implorant de l'aide, des bras tendus. Un amas de chaises et de planches, de vêtements abandonnés, de chaussures et de nourriture. Des policiers qui s'agitent, fébriles encore, suspectant la présence d'autres agresseurs dans la foule traumatisée. La scène effondrée, le piano déchiqueté, les guirlandes déchirées. Les soignants qui gagnent peu à peu du terrain. Accroupis, énergiques ou perdus.

Chacun cherche un frère, une mère, un ami.

Et les sonneries de portables qui sonnent à vide dans les poches de ceux qui ne répondront plus jamais.

Deko et Saba avancent pas à pas, évitant soigneusement les corps et les obstacles, jusqu'à l'emplacement de leurs parents. Quand Deko sent le corps de Saba peser sur lui, il comprend aussitôt. Une écorchure de voix monte dans la nuit déchirant l'obscurité. Ils se retrouvent à genoux, livides, atteints en plein cœur.

Très vite on les évacue. On leur dit la mort des deux terroristes. Ils n'entendent pas les recommandations de sécurité, les mots de réconfort. Ils ne sont plus que larmes.

* *

Assis autour d'une vieille table en plastique fendue, ils n'ont pas touché aux boissons servies. Ils répondent aux questions des policiers machinalement, en pilote automatique. Puis on les laisse seuls.

Enfin, un militaire, un gradé, vient s'asseoir lourdement. Il ne cherche pas à questionner ou consoler, pose ses grosses mains à plat devant lui.

— J'ai entendu parler de vous. Il paraît que vous êtes très bons. Je suis désolé pour vos parents… vraiment… Je ne vais pas y aller par quatre chemins… Partez… fuyez ce pays où rien de bon ne vous attend. Vous êtes jeunes et pleins d'avenir. Plus rien ne vous retient ici. Allez en Europe, allez jouer là-bas, tentez votre chance… vous serez notre fierté si un jour vous revenez… reconnus ou pas.

Puis il les quitte brusquement, laissant sur la table un petit morceau de papier plié en quatre. Un nom et un téléphone. Un passeur.

Lyon – France

— Alors, où en sommes-nous ? dit Lou en s'asseyant face à ses collègues.

Les trois hommes compulsent leurs notes, se souvenant qu'il faut être synthétique et précis. Leur supérieure préfère le silence aux suppositions fumeuses, à l'approximation savante.

Violeau se lance.

— Il y a déjà eu une dizaine d'attaques contre les pompiers depuis un an. Pas aussi organisée que celle d'hier soir mais toujours sur le même périmètre. En général, on jette, des fenêtres ou des toits, toutes sortes d'objets : des boules de pétanque, des chaises, des appareils électroménagers, des meubles. Le plus souvent, ça se limite à quelques blessures légères ou des tôles froissées. Hier soir, c'était plus organisé, une véritable volonté de tuer.

Les yeux de Lou sont vert sapin. La couleur de l'attention grave.

Chauveau poursuit.

— Pour l'instant, comme on s'y attendait, nous n'avons aucun témoin visuel. Tous dormaient ou regardaient la télé. Faudra que je vérifie le programme d'hier soir, ça avait l'air passionnant… Sinon, les témoignages des pompiers restent imprécis. C'est logique, tous les jeunes présents étaient cagoulés ou masqués. Ils sont quand même d'accord sur le fait que ceux qui ont frappé Patrick Devaquez, étaient trois. Espérons qu'on arrive à identifier ces trois lascars, rien de moins sûr…

Ravier résume en une phrase…

— Patrick Devaquez avait vingt-huit ans, il venait juste de se marier. Pompier exemplaire, on ne m'a dit que du bien de lui.

Les yeux de Lou, comme deux billes de verre, passent en revue l'assistance. Elle ne sait pas encore si l'enquête progresse ou si l'on perd du temps face au mur du silence. L'autopsie parlera peut-être… Elle en doute.

* *

Quand Lou et Chauveau se retrouvent le soir même, ils n'évoquent pas le meurtre du pompier. Sans jamais l'avoir décidé, ils ne parlent qu'exceptionnellement, des affaires en cours. Ils vivent ensemble depuis une petite année dans l'appartement de Lou qu'ils ont entièrement refait. Comme si les couches de peinture et un agencement différent pouvaient gommer les années précédentes, le passé.

Mais Lou est heureuse. Elle est follement aimée et sa fille va bien.

En automne, la place Sathonay a des airs de village. La flamboyance des arbres annihile les premiers frimas. Comme un pull préféré altère l'appréhension de l'hiver qui pointe. La Saône serpente à un jet de pierre épousant la presqu'île lyonnaise comme les mains de Chauveau les hanches de Lou.

Il n'empêche, malgré la douceur du temps et de ses mains, Lou pense à ce pompier tué. Un homme jeune, à peine trente ans, tout juste marié.

Elle ne comprend pas

Elle ne peut pas comprendre.

Elle ne veut pas comprendre.

Mogadiscio – Somalie - Afrique de l'est

Deko et Saba ont passé la nuit à réfléchir, puis la journée suivante. Entre pleurs et coups de fatigue. Et ils se sont décidés. Qu'est-ce qui les retient ici finalement ? Leurs parents sont morts, beaucoup d'amis aussi. Tous ceux qui étaient leur soutien, leur raison de vivre et de travailler leur musique. Comment continuer à jouer dans cette ville tombeau ?

Et toute cette violence…

Ils préparent un sac de voyage avec le minimum. Qu'emporte-t-on dans un bagage de fuite ? Qu'est-ce qui est indispensable ou précieux ? De quoi ne peut-on se passer ?

Deko a téléphoné au passeur. Un dialogue minimum, une adresse, un rendez-vous, quelques recommandations. Ils doivent partir dans deux jours à cinq heures du matin. Il a pu arracher des informations, des étapes.

L'Éthiopie, le Soudan, la Libye, le sud de l'Italie.

Il espère que sa sœur tiendra le coup. Elle est solide et il croit en elle mais quel adulte devient-on après avoir vu la mort de si près ? Il a tant entendu sur ceux qui sont partis. Les passeurs, la violence, le désert, le déracinement, l'esclavage.

Durant ces deux jours, ils tournent en rond. Posant leurs regards sur chaque objet, chaque mur. Ils veulent mémoriser les détails de leur enfance, toucher une dernière fois un vêtement, un plat, un fauteuil, une photo, ils ne reviendront peut-être jamais. Ils pleurent dans la chambre de leurs parents et s'assoupissent quelques minutes sur leur lit d'enfant. Imperceptiblement, des tentacules de lucidité les enveloppent. S'il faut du temps pour faire le deuil, partir est un cap immédiat. L'argent caché par leur mère dans une vieille boîte en métal sera correctement utilisé…

Les corps des victimes doivent rester plusieurs jours à la morgue. Ils n'auront pas le temps de les enterrer.

Et puis, vient ce dernier matin. Épuisés par le manque de sommeil et la peine, ils dorment si peu.

* *

Un quignon de soleil pâlit le ciel, l'aube est silencieuse, presque fraîche. Sans un mot, ils traversent leur quartier, une partie de la ville. Des chiens lèvent un œil discret sur leur passage, au loin, le moteur de quelques scooters zèbre le petit matin, les contours des maisons se révèlent imperceptiblement, Mogadiscio semble encore propre à cette heure-là.

En approchant du lieu de rendez-vous, ils aperçoivent un petit groupe de personnes autour d'un 4x4 noir. Des jeunes, comme eux, silencieux et graves. Un homme grand, d'une quarantaine d'années, le visage en partie masqué par un chèche sale, leur demande leurs papiers d'identité et la somme d'argent convenue puis on les assoit à l'arrière du véhicule qui quitte immédiatement la ville.

Le ciel, comme un drap froissé, laisse une empreinte de fatigue sur leurs visages.

Ils roulent, ivres de désespoir. La route est aussi chaotique que leurs pensées. Ils fuient, le ventre vide déjà. Une envie d'enfance rivée au cœur.

Dans le coffre de la voiture, leurs sacs fourbus et pleins d'illusions peinent à trouver leurs places au milieu des autres.

Lyon – France

Lou lit le rapport d'autopsie, il n'y a pas de surprise. Nombreuses contusions sur tout le corps, les coups. Plaie fatale au larynx provoquée par une lame de couteau, la mort.

Patrick Devaquez est décédé en quelques minutes.

En ce qui concerne les assaillants, ses collègues ont fait vite et bien. Trois hommes ont été identifiés par les caméras de surveillance et l'approbation des policiers de Vénissieux qui ont peu hésité avant de les nommer. Trois jeunes de dix-sept à vingt-cinq ans. Les autres n'ont fait qu'agresser et caillasser, ce n'est pas à eux de s'en occuper.

Leurs yeux se concentrent sur les trois noms :

Serge Lopes, Anthony Mammana, Karim Benzia.

Lou fait immédiatement transférer les trois hommes à la PJ. L'enquête démarre enfin.

Quelques années plus tôt, elle se serait précipitée pour interroger les suspects, cherchant à bousculer le rythme souvent lent d'une enquête. Désormais, elle sait qu'il faut les laisser mûrir un peu en garde à vue, faire en sorte qu'ils entrent dans leur peau de futurs condamnés. Donner aux murs sales et griffonnés de leurs cellules l'occasion de réduire à néant l'espoir d'une fuite possible, d'un lendemain d'impunité. Elle s'interdit de révéler ses sentiments, gardant un regard professionnel, même si le meurtre d'un pompier si jeune lui fait monter les larmes, aquarellant ses yeux verts d'un reflet pistaché.

Elle relit le feuillet posé sur son bureau par Ravier : *Une cartographie précise des lieux sensibles a été réalisée, en lien avec les services de police, pour encadrer les interventions des sapeurs-pompiers. Cela permet de graduer les risques encourus sur le terrain. Dans les zones les plus risquées, les pompiers n'interviennent qu'une fois que la zone a été sécurisée et sont accompagnés d'un équipage de police. Le dépôt de plainte systématique a également été mis en place. Aujourd'hui, lorsqu'un pompier volontaire porte plainte après une agression, il n'est pas protégé. Son nom est donné dès le début de la procédure, alors qu'en tant que volontaire, le quartier où il travaille est le même que celui dans lequel il vit. Ce n'est pas possible. Il faut que ces plaintes puissent être anonymes pour voir leur sécurité renforcée sur le terrain. Les pompiers réclament également la mise à disposition de caméras embarquées lors de leurs interventions.*

Accablée, elle prend son téléphone pour appeler Ambre. Entendre la voix de sa fille lui redonnera peut-être foi en l'humain.

* *

Devant sa fenêtre surplombant un coude de la Saône, Lou boit un café. Elle tient son mug à deux mains pour les réchauffer. En ce début octobre, la brume scalpe les toits des immeubles sur la rive opposée. Chauveau pose son menton sur son épaule, à l'orée de son cou. Elle reste immobile et ferme les yeux. Imperceptiblement, au fur et à mesure que ses mains remontent de ses hanches à la naissance de ses seins, elle oublie sa journée et quitte, peu à peu, ses abîmes de noirceur.

Somalie puis Éthiopie - Afrique de l'Est

Ils roulent toute la journée, ne s'interrompant que pour leurs besoins naturels, en pleine nature, derrière des arbres faméliques. Deko n'aime pas le regard des hommes sur sa sœur. Ils sont six en tout. Le passeur qui ne dit pas un mot, trois hommes, et eux deux.

Le soir, quand ils s'endorment à même le sol, le passeur leur dit qu'ils sont en Ethiopie.

La corne de l'Afrique n'est plus qu'un souvenir douloureux.

L'océan indien, un rêve d'enfant.

Leur famille, un passé.

Leur musique, un blanc dans la nuit.

Le lendemain matin, l'Éthiopie hypnotise leurs regards. Ils n'y sont jamais venus. La route est aveuglante de tant de soleil, écrasée par la chaleur et l'uniformité du paysage, uniquement troublée, çà et là, par une femme qui la longe, un troupeau de quatre ou cinq chèvres, l'épave d'une voiture sans âge. Ils n'avancent pas vite, évitant les grands axes et les barrages policiers ou militaires. Le passeur semble maîtriser son parcours mais son silence inquiète les passagers qui renoncent, finalement, à le questionner. De temps à autre, Saba et Deko se chuchotent quelques mots de réconfort et d'encouragement. Les autres restent muets ou somnolent.

Les détours sont nombreux afin de prendre le moins possible les routes de montagne ou les hauts plateaux. Ici les sommets sont plus hauts que ceux des Alpes. Vingt-cinq d'entre eux dépassent les quatre mille mètres…

Au réveil de la deuxième nuit, la fatigue marque déjà leurs traits. Ils mangent peu et dorment mal. Le passeur montre quelques signes d'énervement quand l'un d'eux traîne pour reprendre la route ou réclame la possibilité d'une toilette. Ses petits yeux d'écrevisse ne contiennent ni compassion ni bienveillance. Il est là pour gagner de l'argent et se débarrasser d'eux au plus vite.

* *

Enfin, ils arrivent dans un village animé. Sur l'espace ouvert et sale qui sert de place, le passeur les dépose et les laisse sans un mot. Ils ont juste le temps de récupérer leurs sacs dans le coffre. Ils savent qu'une autre personne doit les récupérer ici. Ils ignorent quand et comment. Pendant quelques minutes ils restent debout, presque soulagés de son départ. Puis, ils se dirigent vers un local ouvert, une sorte de restaurant grand comme une boîte à chaussures. Le repas leur paraît fantastique alors qu'il est très simple, galette de maïs (injera) et ragoût de mouton. Mais l'absence du passeur et l'appétit les réjouissent. Ils parlent un peu de leurs destinations rêvées, de ce qu'ils ont laissé derrière eux.

Quand l'obscurité arrive, ils s'installent en cercle sur la place. Adossés à leurs sacs, ils somnolent mollement. Mais, dans la nuit, des phares agressifs les sortent de leur torpeur. Encore un 4x4 en mauvais état, comme son chauffeur qui semble possédé par une fureur à peine contrôlée. En deux minutes, ils paient à nouveau la suite de leur voyage et disparaissent dans la nuit éthiopienne.

Deko ne relâche pas son attention, sa sœur s'est endormie sur son épaule. Ils vont quitter l'Éthiopie pour le Soudan. Dans la nuit et les paysages inconnus, rien n'indique les frontières, c'est peut-être la création de l'homme la plus invisible mais la plus marquante. Une ligne sur une carte, un poste-frontière, parfois un fleuve ou une montagne. Il se souvient de cette phrase qu'il a entendue un jour *Le soleil passe les frontières sans que les soldats tirent dessus.*

Lyon – France

Chauveau règle la caméra numérique pour filmer l'interrogatoire. Lou relit ses notes. Violeau et Ravier évoquent discrètement la victoire de l'Olympique lyonnais la veille, sur Marseille. Toujours bon à prendre…

Puis on amène Serge Lopes. Vingt-huit ans, mal rasé et filiforme, un genre de beauté sombre, tant qu'il ne parle pas… Ses réponses sont agressives et sa haine des flics transpire à chaque mot. Il semble n'avoir aucune conscience de ses actes, aucun regret en tout cas. Et quand on lui dit l'ampleur des peines encourues, il rit.

En l'écoutant, Lou essaie de comprendre comment on peut devenir aussi violent, d'où vient cette cruauté pure.

— Pouvez-vous nous commenter ces images de vidéosurveillance et nous dire qui sont les deux autres personnes qui frappent ainsi le brigadier Devaquez ?

— Je les connais pas, ils étaient en bas avec nous c'est tout. Jamais vus.

— Pourtant ils habitent la même allée que vous et vous avez déjà été arrêtés ensemble…

— Jamais vus.

Lopes regarde la pendule derrière lui, juste au-dessus de la porte.

— Si vous trouvez le temps long ou si vous avez un rendez-vous aujourd'hui, vous pouvez oublier, vous n'êtes pas prêt de sortir Monsieur Lopes.

Il ne répond rien et s'enferme dans son silence. Se peut-il qu'il ne réalise pas la gravité des faits s'interrogent les quatre policiers ?

— Pourquoi avez-vous agressé ce jeune pompier ?
— On n'aime pas les flics…
— Ils ne sont pas policiers, savez-vous qu'ils…
— C'est pareil, les uniformes on n'en veut pas chez nous !

Alors que Ravier s'apprête à se lancer dans un long discours sur le rôle des pompiers, l'utilité des services publics et la non-existence de zones de non-droits en France, Lou le fait taire d'un geste à la fois apaisant et décidé. A quoi bon gaspiller sa salive ?

L'interrogatoire dure une heure. Réglementaire et inutile.

Tous connaissent ce genre de personnage. Désocialisé et sauvage. Un rebelle sans idéal.

Anthony Mammana et Karim Benzia sont faits sur le même modèle. Ils ne nient pas les faits mais prétendent ignorer l'identité des deux autres. Entre ahanements, souvent incompréhensibles, et discours anti-uniformes, ils dérivent dans leur stupidité et Lou a bien l'intention de les laisser s'échouer entre les mains du juge d'instruction.

Mais un sentiment d'inachevé la tracasse. Finalement, tout est allé vite. Un meurtre, trois arrestations, personne ne nie, personne ne semble éprouver de sentiment ni la moindre culpabilité. La vie d'un homme a été rayée sans que cela provoque le plus petit soubresaut chez les futurs condamnés. Un article dans le journal, un émoi médiatique pendant deux ou trois jours. L'existence n'a pas de valeur, on peut l'ôter par jeu, par stupidité comme on efface un trait de crayon, une rature.

Ce soir, elle préfère rentrer à pied. L'air est doux et les quais respirent encore avant de devoir se resserrer quand l'automne mordra vraiment. La passerelle du collège enjambe un Rhône vert forêt, sombre et puissant. La place Sathonay n'est plus si loin, en presqu'île. C'est son havre.

Soudan – nord de l'Afrique

Traverser le Soudan sera long. C'est un des trois plus grands pays d'Afrique avec l'Algérie et le Congo. Une plaine immense, aride, puis le désert au nord...

Le nouveau passeur aboie sans arrêt. Son haleine de cendrier froid donne des ordres hystériques : couchez-vous ! Descendez ! Taisez-vous ! C'est insupportable et les fuyards, de moins en moins dociles, commencent à se disputer avec lui plusieurs fois dans la journée. Les hurlements dans l'habitacle résonnent et ajoutent de la tension à la fatigue déjà grande.

Quand ils arrivent dans le désert, les nerfs sont aussi brûlants que le sol. On distingue à peine la piste et cela ne fait que resserrer le nœud coulant de l'inquiétude. Pendant des kilomètres, le paysage oscille entre petits nuages de sable et carcasses d'animaux morts. Il n'y a pas âme qui vive. De temps à autre, la pierraille donne des impressions lunaires mais la chaleur ramène vite sur Terre.

La journée traîne en longueur et, quand le passeur indique que l'étape n'a fait que soixante-dix kilomètres, le désespoir pointe.

Au pied d'un arbre rachitique, ils s'apprêtent à passer la nuit. Le chauffeur dormira seul dans la voiture, les autres sont condamnés aux insectes, au froid, à la dureté du sol.

Au petit matin, ils repartent transis et à jeun. Cette partie Est du Sahara doit les accompagner jusqu'à la frontière libyenne. Khartoum est derrière eux, il ne faut espérer que quelques villages isolés pour tromper l'ennui et trouver des vivres. Deko déteste ce sentiment de dépendance vis-à-vis du passeur. Il sait qu'ils ne peuvent rien exiger ni obtenir de lui. S'il les laissait sur place, ce serait la mort certaine.

Le vent, emportant de fines particules de sable et de poussière, semble une menace constante, prête à passer à exécution. Personne n'ose imaginer une tempête…

L'ardeur de la chaleur est omniprésente, la lumière est aveuglante, le moral est au plus bas et déjà les premiers doutes sur l'urgence et la pertinence de leur départ s'insinuent dans les esprits comme une tumeur.

Saba somnole toute la journée contre son frère. Il pense que c'est une chance. Le voyage passe plus vite, elle n'accumule pas de fatigue et devient presque transparente aux yeux des hommes. Si elle pouvait dormir jusqu'à l'Europe…

Par bribes, la soirée du concert poignarde l'âme de Deko. Dans la somnolente touffeur, les images se mélangent.

Les tirs sont le rythme.

Le chant est une plainte.

Les vivas sont des cris.

L'enthousiasme est panique.

La guitare est mitraillette.

Lyon – France

Les tours sont grises et ne ressemblent à rien. C'est ce que se dit Lou, alors qu'elle se rend au commissariat de Vénissieux avec Chauveau. Rien qui ne retienne le regard ou l'apaise. Pas de recherche architecturale, aucune courbe, juste le souci de loger le maximum de gens à moindres frais. Pas une palpitation.

La note est salée.

Pour ne rien arranger, la pluie enrhume la ville.

En bas, devant les allées, des grappes de jeunes discutent.

Nouveau style de gardiennage, songe-t-elle.

Le commissariat ressemble à un blockhaus. Des grilles métalliques recouvrent les fenêtres, deux hommes sont postés à l'entrée, gilet pare-balles et arme à la ceinture. Pas une voiture dans le parking qui ne soit rayée ou cabossée.

Le Capitaine Desvignes les accueille dans son bureau. Il semble un peu distant, comme s'il avait honte des lieux, de cette cité grisâtre. Mais après un café et quelques minutes, il s'apaise et se met à parler de son environnement.

— Ces dernières années, beaucoup de choses ont changé. Si les caïds finissent, avec l'âge, par prendre leur retraite, la relève est de plus en plus jeune. Ils se savent intouchables et n'ont absolument pas peur de la police. A leurs yeux, c'est une sorte de bande rivale gênante. Il n'est pas rare d'appréhender des gamins de douze ans, déjà très au courant des rouages du deal. Quant aux autres, ils ne voient pas l'intérêt de chercher un boulot ou une formation alors qu'ils peuvent toucher deux ou trois SMIC par mois. Et je ne vous parle pas des chefs qui gagnent leur vie mieux qu'un footballeur ou une star de ciné. On a de plus en plus de mal à s'approcher des zones de trafic. Avant, ils nous repéraient, maintenant ils nous empêchent carrément d'intervenir avec des jets de projectiles ou en bouchant le passage avec des voitures, des canapés ou tout ce qui peut servir à barrer une rue. On sait également qu'ils disposent d'un arsenal impressionnant…

— Oui mais, pourquoi s'attaquer à un pompier ? demande Chauveau.

— C'est toujours une affaire de territoire. Comme à Paris, Grenoble ou Marseille. Le territoire c'est le deal, le deal c'est l'argent.

— Connaissez-vous ces trois hommes ? dit Lou en lui tendant une pochette contenant les noms, adresses et photos des trois suspects.

Le Capitaine Desvignes passe en revue les feuillets d'une moue entendue.

— Bien sûr… Serge Lopes, Anthony Mammana et Karim Benzia. Trois vedettes du quartier, je vous donnerai ce qu'on a déjà sur eux. Pour résumer, comment dire… sans être grossier… Ils sont aussi méchants que stupides. Mais Lopes est bien plus dangereux, plus malin aussi. Méfiez-vous de lui…

Alors que Lou et Chauveau s'apprêtent à quitter les lieux, Desvignes conclut.

— Vous savez… ça ne sera pas facile de les faire inculper.

Le sourcil en arc de cercle de Lou trahit l'étonnement.

— L'argent de la drogue peut tout… Il fournit les armes, l'arrogance et les meilleurs avocats. Ils ont un casier judiciaire long comme le bras et s'en sortent toujours…

Soudan, puis Libye-nord de l'Afrique

Saba chantonne imperceptiblement, rythmée par le chaos du véhicule. Une composition nouvelle, sourit Deko intérieurement…

Quand l'or du soir tombe

Sur ma Corne d'Afrique…

Le soleil liquide

Rend l'air moelleux…

Il aime sa poésie, c'est elle l'auteur de leur duo.

Ses doigts pianotent sur ses cuisses, un accompagnement qui pourrait épouser cette chanson née du désert et de la fuite.

Il faudra lutter beaucoup, se dit-il, pour ne pas faire de leur blessure un ressentiment… La magnifier pour créer puis partager.

Est-ce possible… ?

Petit à petit, Deko sent que tout le monde écoute sa sœur. Même le passeur semble apaisé. Alors, instinctivement, elle chante plus fort cette nouvelle mélodie d'une simplicité incroyable. Sa voix emplit l'habitacle et semble s'insinuer, par l'étroit passage des vitres pas tout à fait fermées, dans le désert. C'est le premier beau moment qu'ils vivent depuis leur départ. Les passagers ont du mal à masquer leurs larmes. Les regards se détournent, les paupières battent, les pupilles se mouillent de rosée musicale.

Quand le soir vient, ils s'arrêtent sur une petite éminence de sable. L'air est presque doux mais le repas reste frugal.

Demain ils doivent passer en Libye, le dernier pays africain à traverser mais pas le moins dangereux. Tout va se jouer là.

L'attente ou le départ, l'opportunité ou la malchance, une bonne rencontre ou l'enfer.

L'œil de Dieu ou le regard du Diable…

Le lendemain matin, il fait une chaleur à crever dès le lever du soleil. Le passeur annonce qu'ils sont désormais en Libye. Rien ne trahit le moindre passage d'un pays à l'autre. Le désert est le même.

Ils savent qu'ils sont dans la partie la plus sombre de leur voyage. C'est ici que leur destin basculera.

Saba ne chante plus. L'approche du danger clôt les bouches. La tension est telle qu'on pourrait l'effleurer. Dans un jour ou deux, ils arriveront vers Zaouïa, au nord-ouest du pays, sur la côte méditerranéenne, à une cinquantaine de kilomètres de Tripoli. C'est là qu'il faudra trouver d'autres passeurs, les pires paraît-il, avant l'Europe.

Lyon – France

Lou et ses hommes épluchent les CV des trois suspects arrêtés la veille. Ils sont lourds et le capitaine Desvignes n'a fait qu'étoffer leurs historiques déjà impressionnants. Ils ont, à peu près, le même parcours : échec scolaire, famille éclatée, recomposée, petits larcins, violence, deal. Mais Serge Lopes semble être le chef de meute. Un chef pitoyable mais un chef.

Les réseaux, quelles que soient leurs tailles, sont organisés de manière pyramidale et très hiérarchisée, une sorte de PME. Tout en bas de l'échelle il y a les guetteurs, *les choufs*, en général, les plus jeunes qui ne risquent aucune peine de prison. Puis il y a les rabatteurs, chargés d'orienter les clients. Ensuite vient le vendeur qui fait son commerce à cinq, six euros le gramme. Il est très physionomiste et mémorise la clientèle fidèle, fiable ou suspecte. Enfin il y a le chef, le Boss, ce que doit être Serge Lopes. Au-dessus, il y a le patron qui fournit, fait les comptes et manage tout ce petit monde, violemment si le besoin s'en fait sentir.

Les patrons n'ont pas toujours des comptes bancaires très fournis mais ils vivent sans faire de retraits et possèdent des belles voitures et tout ce qui fait un appartement confortable et high-tech.

Bien entendu, pas de justificatifs et pas d'impôts.

**

L'article du Progrès qui traîne sur le bureau et que tous ont parcouru le matin même, relate l'enterrement du jeune pompier, Patrick Devaquez. La veille, des centaines de personnes ont assisté aux funérailles. Outre les collègues, très concernés, une grande foule de sympathisants est venue apporter son soutien à la victime. Ce drame a marqué les esprits et Lou sait que la hiérarchie a horreur de cela. Elle s'attend à être convoquée très bientôt à l'étage supérieur. Heureusement, le commandant Trivic est un allié précieux et compréhensif, il a l'intelligence de ne pas se manifester pour l'instant.

Mais le commissaire principal Genesio ne fait preuve d'aucune mansuétude. Jamais.

**

L'Hôtel-Dieu, entièrement rénové, mélange parfaitement le modernisme vitré à l'architecture du douzième siècle, pour les plus anciens bâtiments. Les Lyonnais y déambulent enfin, après de longues années de travaux. Lou et Chauveau s'y retrouvent en fin de journée devant un verre de Côte-Rôtie de chez Guigal. Il faudra bien la puissance de ce vin, son arôme gorgé de soleil, pour apaiser leur déception.

A l'issue de leur garde à vue, Serge Lopes et ses deux comparses sont repartis libres. Absence de témoignages, vidéos floues…

Une organisation mafieuse efficace repose sur la compétence d'un bon cabinet d'avocats. C'est le cas…

Libye, Zaouïa, nord de l'Afrique

A l'ouest de Tripoli, cinquante kilomètres à peine, ils arrivent à Zaouïa. La ville fut le théâtre d'affrontements violents entre Kadhafi et les rebelles libyens. Elle en porte les stigmates.

C'est une impression curieuse d'entrer dans une ville après tant de jours désertiques. Le 4x4 roule doucement dans les rues défoncées emplies d'une foule indifférente à leur détresse. Des veines de bitume gonflent le sol comme des racines souterraines et malveillantes.

Ici, un troisième contact les attend, le plus décisif sans doute. Celui qui les mènera à la dernière étape : l'Europe.

On les dépose devant un établissement informe. On ne sait ni ce que les murs sales abritent ni si c'est la crasse qui, finalement, les fait tenir debout.

Le passeur disparaît dans un vilain crissement de pneus. Le regard que se lancent alors Saba et Deko tient davantage du soulagement que de la satisfaction d'avoir achevé leur périple motorisé.

Le bonheur de manger et de se laver les aide à patienter. Le plus difficile est de ne jamais savoir ce que réservera l'heure qui suit. Pas de programme ni de perspective précise. Rien à quoi se raccrocher, si ce n'est l'espoir que le prochain homme qui franchira la porte sera le passeur.

Ils restent ainsi une journée complète.

Saba et Deko, assis à même le trottoir, profitent d'un peu d'intimité pour parler de tout ce qui s'est passé depuis le concert. Ils ont eu si peu de temps à eux. C'est une curieuse impression. Tant de sentiments forts et tragiques restent gravés dans le moindre détail, et pourtant, ces jours de fuite se mélangent. Leur musique devient dramatique, leur fuite tristement mélodique, leurs craintes entaillent leurs projets comme une lame chirurgicale qui incise mais peut sauver.

Quand leur voyage se terminera-t-il pour laisser place à l'introspection, au deuil, à un avenir ?

On leur a dit de rester sur place en attendant le troisième homme, alors ils dorment et parlent, laissant les autres à leurs soucis. Seule compte leur trajectoire commune : Fuir, l'Europe, la paix, leur musique.

Enfin, le surlendemain, très tôt, arrive l'homme.

Aussi impassible que les autres, il semble avoir la soixantaine et ses cheveux gris lui donnent un air fantomatique. Ses yeux mi-clos de saurien sont aussi inquiétants que la crosse du revolver qui dépasse ouvertement de sa ceinture. Quand il regarde Saba, elle se sent entièrement dénudée et salie.

Les veines de ses bras, comme des câbles, sont une menace silencieuse. En trois phrases, il ordonne de se préparer et de le suivre à pied. Sa voix a le son du gravier mouillé.

Lyon – France

Lou ne décolère pas.

Lopes, Mammana et Benzia sont dehors.

Elle court, sur les quais de Saône puis sur les berges du Rhône jusqu'au parc de la Tête d'Or dont elle fait deux tours pour finir harassée devant la porte des Enfants du Rhône. Alors, elle rentre au petit trot, les cheveux mouillés de rage et de sueur. Une longue douche brûlante finit de la calmer et elle se sent enfin prête pour un verre de Cornas, rouge sang, impénétrable.

Bien calée dans les bras de Chauveau, les pieds nus étendus sur son canapé chocolat. Elle ne dit rien, laissant la voix du Boss lui rendre, une nouvelle fois, l'énergie et la force mentale nécessaire pour tout reprendre à zéro.

* *

La voix du commissaire principal rebondit sur elle comme une pluie sur un double vitrage. Elle fixe sa bouche alors qu'il la tance. Un filet de lèvre qui laisse deviner une absence absolue de sentiment et de sensualité.

Son discours est rodé :

Le dossier est mal ficelé, les vidéos ne sont pas assez précises, l'avocat a pris beaucoup de plaisir à tout déconstruire.

Sa colère ne l'empêche pas d'accepter une partie des griefs. Il doit avoir raison puisque les suspects sont chez eux désormais.

De retour en salle de réunion, elle n'évoque pas les commentaires de son supérieur mais demande à ses hommes de filer sans restriction les trois suspects libérés. Fidèle à elle-même, sourit intérieurement Chauveau. Pragmatique et endurante.

— Je veux être au courant de tout ce qu'ils font. S'ils pissent dans la rue, s'ils jettent un papier, le nombre de joints qu'ils fument, leurs copines, tout !

* *

Mais tant de soucis ombrent le regard de Lou, rosissent ses cernes. Toute cette agressivité ambiante dans sa ville, tous ces délits parfois impunis, ces hommes qui basculent un jour dans leur part sombre.

Ce chauffard qui a renversé un petit garçon et qui a disparu dans la nuit, ce jeune homme passé à tabac pour avoir voulu défendre un couple d'amoureux homos, cet adolescent qui se noie dans le Rhône pour un vol de portable, ces jeunes femmes qui se sont écharpées si violemment pour un regard appuyé.

Parfois il est difficile d'assumer ce rôle. Elle et son équipe sont là pour assainir un peu Lyon. Lui enlever le noir sous les ongles, apaiser sa gueule de lendemain de cuite, la rendre présentable et viable.

Elle confie ce fardeau à Chauveau les soirs de blues ou de trop grande fatigue, devant un verre parfois… deux. Quand on a trop de choses en soi, trop d'émotions ou de contradictions, quand le doute s'installe comme une brume intime. Comment vivre avec cela ? Comment réussir à avoir une vie simple ou rectiligne ? Comment trouver tout simplement le sommeil ?

Seules les mains onctueuses de son partenaire finissent par la dénouer…

Libye, Zaouïa, nord de l'Afrique

Ça ne traîne pas. Un passage est prévu dès le lendemain en fin de journée. Incroyable et inespéré. Trop beau ?

Chacun à leur tour, ils défilent un moment seul avec le passeur pour régler l'addition. On suppose qu'ils ne payeront pas tous la même somme. Deko arrive à négocier leur passage pour cinq mille euros, il est satisfait car c'est, normalement, trois mille euros par personne.

Il n'ose être soulagé mais se sent un peu rassuré, tellement anxieux que sa sœur puisse faire partie du marché…

Ils passent la nuit dans un hangar immense et malodorant. Une infecte odeur de poisson et de pourriture leur ôte toute envie de dormir. Le lendemain, ils attendent des heures entre somnolence et stress. Ils n'échangent pas un mot avec les autres qui semblent être dans le même état d'hébétude.

Enfin, on vient les chercher à la tombée de la nuit pour les conduire sans ménagement à travers des rues étroites qui les rapprochent inexorablement de la mer. Sur une minuscule plage, ils se retrouvent là, plusieurs dizaines. Bousculés et houspillés pour rester groupés en attendant l'embarcation. Ils ont entendu dire que cela pouvait être un bateau en bois, destiné à la pêche, d'une vingtaine de mètres de long, ou alors un zodiac provenant des réserves de l'ancien régime de Kadhafi.

Après une heure d'attente pénible, dans le silence exigé et un vent frais, une embarcation accoste. C'est la ruée, les futurs exilés sont bousculés et frappés pour monter plus vite. Et, alors que leur tour approche, Deko prend la main de sa sœur et la tire sur le côté dans l'obscurité. Au début elle résiste puis se laisse entraîner dans la nuit qui les masque.

Ils s'accroupissent derrière une cabane de planches.

— Qu'est-ce que tu fais ? On y était presque, chuchote Saba, contenant mal sa colère.

— Je… je ne sais pas, un mauvais pressentiment, tout va trop vite, j'ai pas confiance.

— Et alors, on fait quoi maintenant et…

Sa phrase est coupée par des rafales de pistolets-mitrailleurs qui tirent dans le noir en direction du bateau.

De là où ils sont, ils ne voient pas la mer qui se colore en rose d'abord puis en rouge.

Un cimetière marin.

Lyon – France

Ravier, comme à son habitude, arrive en réunion avec des notes soigneusement rangées dans une pochette cartonnée, bleue ce matin. Lou lui a demandé de se renseigner sur les agressions de pompiers en Europe. Elle a besoin d'y voir clair pour avancer, se faire une idée précise d'une situation qu'elle trouve incompréhensible. Elle veut croire que ce n'est pas un phénomène particulièrement français même si ce n'est pas rassurant.

Inutile d'attendre que le silence s'installe, la curiosité est telle que tous les yeux se tournent déjà sur lui.

— Bon, je vous préviens, ce n'est pas très réjouissant. Des attaques contre les pompiers ont lieu aussi dans certains pays d'Europe mais de manière inégale et moins systématique que chez nous. Cette évolution préoccupante concerne plusieurs pays voisins. C'est le cas en Suède, où de graves émeutes ont eu lieu à Skogas, près de Stockholm. Des pompiers qui éteignaient un incendie dans un restaurant ont essuyé des jets de pierres. Le Royaume-Uni aussi a connu ses émeutes, pendant l'été 2011 à Londres, où les agressions de services d'urgence se sont multipliées. Même en dehors des pics de tension, les chiffres sont alarmants. Selon un article du *Telegraph*, entre 2006 et 2007, 57 205 attaques contre des personnels de santé et d'urgence ont été recensées. Dans certains cas, notamment les professions médicales, on peut dépasser les 1 000 agressions par semaine.

— Oui c'est vrai que les médecins aussi ont droit à ce genre d'accueil, se désole Chauveau.

— Les pompiers représentent une faible part, avec « seulement » 1 500 agressions en un an. Un chiffre déjà très élevé et supérieur à celui de la France. En revanche, les attaques contre eux prennent beaucoup moins d'ampleur en Italie. Il y a quelques agressions dans les banlieues défavorisées, surtout dans le Sud, mais cela reste peu fréquent. Le champ d'intervention des pompiers transalpins est cependant moins étendu que celui de leurs homologues français. En Italie, ils sont prioritairement appelés pour éteindre le feu, c'est surtout la police qui intervient dans les situations d'accidents ou d'urgences. Même constat en Espagne. Le rôle des pompiers se limite à lutter contre les incendies. Ils se retrouvent donc beaucoup moins en contact avec des foules, alors qu'en France, pour les premiers secours, on a tendance à appeler d'abord les pompiers. Cette rage, dirigée contre des services publics portant assistance aux habitants des zones défavorisées, semble difficilement compréhensible.

— Tu m'étonnes, murmure Lou.

— Les jeunes impliqués dans ces incidents expliquent avoir recours à la violence pour faire entendre leurs revendications. « On a brûlé des voitures, jeté des pierres sur la police, sur les voitures de police. Mais c'est une bonne chose, parce que maintenant les gens savent où est Husby ! », a déclaré un jeune casseur de Stockholm. Husby, un quartier sensible de la capitale suédoise qui a connu ainsi son quart d'heure de gloire. Comme tous les quartiers constitués majoritairement de personnes issues de l'immigration, le taux de chômage y est très fort, puisqu'il est deux fois plus élevé que la moyenne nationale, ce qui pourrait être un autre facteur d'explication de cette radicalisation.

— Oui, ça peut expliquer, mais bon… s'insurge Violeau agacé.

— Pour contrer cette violence gratuite, deux types de méthodes sont testés en Europe : celle de "l'accompagnement", et celle de la sévérité. Ainsi, la Suède prévoit de recruter davantage de pompiers d'origine étrangère, afin de faciliter le dialogue avec les habitants des banlieues.

— Exactement ce qu'on fait chez nous pour les vigiles dans les commerces, complète Violeau.

— Côté anglais, on renforce les sanctions à l'encontre des fauteurs de troubles. Une loi a d'ailleurs été adoptée prévoyant une amende allant jusqu'à 5 000 livres pour toute personne qui entraverait l'action des services de secours. Deux pays, deux méthodes. Quant à la France, elle a choisi de renforcer son arsenal juridique. Depuis une dizaine d'années, les agressions contre les "personnes dépositaires de l'autorité publique" sont plus lourdement sanctionnées.

— Tout cela n'est guère réjouissant, conclut Lou. Bon boulot en tout cas Ravier, sourit-elle. Comme d'hab…

Libye, Zaouïa, nord de l'Afrique

Pour la première fois depuis leur départ, Saba et Deko se retrouvent seuls, sans compagnons de route ni passeurs, sans personne pour les guider.

Plus de repères, plus d'argent.

Ils ont si peu parlé depuis la fusillade de la plage. Saba plane, erre entre plusieurs sentiments : la terreur des armes, le soulagement de s'en être sortie, l'incroyable pressentiment de son frère au dernier moment.

A quoi se joue une vie…

Entre quelques heures de sommeil grappillées au coin d'une rue et la faim qui pointe, ils savent qu'il va falloir trouver rapidement un moyen de survivre. Et ce n'est pas dans cette ville dangereuse, inondée de migrants à la recherche d'une solution, qu'ils vont pouvoir exercer leur talent de musiciens…

En fin de journée, sur un marché, une vieille femme leur donne quelques fruits en échange de leur aide pour remballer la marchandise. Des cageots faméliques à transporter jusqu'à une vieille remorque tirée par une mobylette squelettique. Émue par leur jeunesse et leur air désemparé, elle prend le temps, après avoir écouté leur histoire, de leur offrir un thé à la menthe en leur prodiguant quelques conseils de base.

— Ici c'est le chaos. Tout est possible à chaque instant. Des enlèvements, des viols, des agressions. N'attendez pas la moindre compassion de la part des autres personnes qui cherchent, comme vous, un passeur. Ils ne sont pas meilleurs que les autres parce qu'ils fuient. La misère n'est pas un gage d'humanité. L'instinct de survie ne rend pas les hommes bons. Et puis, de nombreux migrants sont victimes de tortures et d'abus de la part des passeurs et les centres de détention du gouvernement ne sont pas plus recommandables.

Quand elle regarde leurs visages désespérés, Amina décide de les héberger, au moins pour cette nuit. Une paillasse sous un toit de planches sera toujours mieux que la rue vorace.

Le lendemain matin, ils l'accompagnent au marché et passent la journée à l'aider. Elle a l'œil et sait éloigner les yeux affamés qui se portent sur les beautés de Saba. Ils ont bien conscience que cette rencontre est un miracle qui leur a déjà, peut-être, sauvé la vie. Pourront-ils la remercier un jour ? Pour l'instant, seule compte la survie. Tenir une journée de plus, une nuit.

Après trois jours à ce rythme, sans prévenir mais après l'avoir discrètement préparé, Saba commence à chanter à côté de l'étal d'Amina. Deko rythme discrètement.

Son chant tapisse immédiatement la rue de douceur et d'harmonie. Son timbre soyeux attire les regards et apaise la frénésie de la foule. Un peu trop, craint Amina…

Lyon – France

Les hommes de Lou font grise mine ce matin. Il semble que les trois suspects aient disparu. Plus une trace d'eux. Ni dans leur quartier, ni chez eux. Envolés !

— Une semaine qu'on planque, explique Violeau, et pas un mouvement. En dehors des tags, des murs lacérés et des boîtes aux lettres défoncées, rien à voir. Les gars sont exténués et sur les nerfs. Difficile de planquer dans des rues froides et dangereuses… Les scooters tournent toute la nuit, les jeunes, à peine ados, ont les yeux partout, sans parler du deal qui se fait sous nos yeux.

— Bon, répond Lou, même si on n'a rien à se mettre sous la dent, leur disparition est une marque de culpabilité. Les dealers ont horreur de la publicité. Retour à la tranquillité et tout reprend comme avant. On allège le dispositif mais je veux quand même une équipe sur le terrain, ils finiront bien par réapparaître.

Lou ne veut pas que cette affaire tombe dans les oubliettes. Elle décide d'aller voir les parents de Patrick Devaquez. Ça n'apportera aucun élément nouveau à l'enquête mais elle sait que la détresse des parents entretiendra son désir de justice. Mieux on connaît la vie ou le passé d'une personne, plus on est à même de les comprendre, d'approcher la vérité. L'épouse du jeune pompier a fui Lyon, momentanément, pour s'installer chez ses parents vers Poitiers.

Quand elle s'assoit dans le salon des Devaquez, Lou se demande si elle a bien fait de venir. Il y a encore des fleurs partout et un immense portrait de leur fils trône sur le buffet du salon. Mais leur prévenance et leur gentillesse ont raison de ses réticences. Devant un café agrémenté de cookies maison, ils ont dû recevoir beaucoup de témoignages d'amitié ces derniers temps, la conversation est plus facile qu'elle ne l'imaginait. Ils évoquent avec une pudeur et une dignité impressionnante, l'enfance, la jeunesse de leur fils. Sa passion pour son métier, après une adolescence chaotique, ses doutes parfois, ses silences quant à l'indicible de sa mission.

Mais quand Lou a essayé, sur la pointe des pieds, d'évoquer le guet-apens dans lequel est tombé Pierre, leurs mots sont bloqués par une digue d'émotions trop fragile encore pour être testée.

Chapitre II

Les gifles du sel

La Méditerranée - Monde

Les gifles du sel frappent leurs visages, laissant apparaître çà et là des traînées blanchâtres sur leur ébène. La vive allure du Zodiac remue leurs tripes mais n'empêche pas les pensées de rebondir aux quatre coins de leur cerveau.

Saba repense à Amina qui les a abrités et soutenus. Elle songe à ces concerts les jours de marché. A cet argent qu'ils ont pu économiser finalement assez vite. Quelques semaines.

Deko a déjà la tête de l'autre côté de la mer. Où débarqueront-ils ? Dans quelles conditions ? Vont-ils être traqués, aidés ? Peuvent-ils faire confiance aux passeurs ou vont-ils être abandonnés en pleine mer ?

Saba regrette presque ce départ anticipé qui les a empêchés de dire au revoir comme elle l'aurait voulu à Amina, à l'Afrique.

Deko s'inquiète pour sa sœur si jeune et trop belle.

Saba s'inquiète pour son frère si grand et trop attentif.

Et tous ces gens autour d'eux, avec ce même gilet orange, les traits creusés, les yeux cernés. Et ces vagues qui les trempent, froides et colériques.

Tous ces passés poussés plein nord pour des causes différentes mais universelles. La guerre, la famine, la misère. Boussole miséreuse.

Vingt-huit mille morts dans cette mer depuis l'an deux mille… Un cimetière méditerranéen…

Maintenant que la nuit tombe, la mer devient noire et l'angoisse broie tout le monde. On n'entend plus que le bruit du moteur surpuissant et les vagues qui claquent sur le plastique gris et boursouflé.

Déjà quelques-uns s'endorment accrochés au corps le plus proche, on ne s'arrêtera pas en cas de chute.

Cette nuit dure une éternité. Saba et Deko somnolent l'un contre l'autre. Leurs rêves sont mouillés et salés, faits de tessons et de barbelés, de notes dissonantes et de désespoir lucide.

Au petit matin, le ciel est si lourd qu'il semble impensable qu'il se lève encore une fois. Une pluie traversière pique les visages et les corps comme une nuée d'insectes compacts. Ils sont au creux du doute, dans son immense cratère insondable et caverneux. Leurs pensées vont à l'essentiel : la terre ferme, un peu de chaleur, la faim.

Dans la brume apparaît une terre, lentement, inexorablement, l'Italie ? Les murmures s'intensifient et l'excitation gagne peu à peu sur la fatigue et le désespoir. Les moteurs se taisent enfin et l'on n'entend plus que le ressac et le cri des passeurs qui poussent tout le monde à sauter rapidement afin de fuir avant l'arrivée des douaniers.

L'eau, à hauteur de poitrine, n'est pas si fraîche et ils regagnent en cinq minutes une plage au sable foncé et caillouteux.

A cet instant-là, le peu d'unité qui semblait habiter les migrants dans le zodiac, un destin commun, une certaine fraternité, explose en dizaines de chemins différents. Chacun part de son côté, tenter sa chance, se débarrassant du groupe devenu gênant.

Quand les douaniers arrivent une heure plus tard, ils trouvent la plage parsemée de dizaines de points orange, comme autant de destins disparus au hasard des rencontres à venir. Ponctuation colorée et tragique. Tragiques taches de rousseur…

Lyon-France

Toujours aucune trace des trois disparus. Lou et son équipe enchaînent les affaires, toutes plus glauques les unes que les autres. Le métier veut ça. Un incendie criminel, route de Vienne, une sombre histoire de dispute de voisinage, cinq morts. Une agression antisémite, à Villeurbanne, un homme tabassé à mort pour le simple port d'une kippa. Deux jeunes agressés dans le métro, gare d'Oullins, pour un regard appuyé et pas un voyageur qui ne bouge. Des regards détournés, un homme paralysé pour le restant de ses jours. La liste est longue. Trop…

Heureusement, sa vie avec Chauveau est stable, rassurante et dense. Ils aiment flâner de longues heures dans Lyon, quand leurs emplois du temps concordent. Remontant les berges du Rhône ou de la Saône, du Parc de la Tête d'Or aux quartiers Confluences, la Sucrière, moderne et branchée, cubique et métallique. Ils parcourent les pentes populaires puis bobo de la Croix Rousse ou de Fourvière la pieuse, découvrant, à chaque fois, de nouvelles ruelles ou traboules. Ils arpentent les différents marchés du dimanche matin, quai Augagneur ou face au Palais de Justice de

Saint Jean. Lou adore sa ville qui ne le lui rend pas toujours, infestée de conflits et d'agressivité. Ces déambulations ont, malgré tout, le pouvoir d'effacer les mauvais souvenirs sur l'ardoise magique de son cerveau. Comme ces meubles qu'on protège sous des draps blancs quand les vacances sont finies.

La Terre ne tourne pas toujours rond. Depuis quand sait-elle cela ? Petite fille, quand elle observait à la dérobée les mensonges des adultes, leurs disputes ? A la mort de sa mère, puis quelques années plus tard celle de son père, la laissant orpheline de références et d'assentiment paternel ? Depuis ses tout premiers jours dans la police, confrontée à la violence des hommes, irrationnelle parfois, injustifiée le plus souvent ? A la naissance d'Ambre quand, après ces premières minutes d'existence, elle réalisa que jamais plus elle ne vivrait sans le souci qu'elle aille bien.

L'âge donne de la profondeur.

Italie-Europe

Le sud de la Calabre a encore des airs africains se disent Saba et Deko en avançant le long d'un chemin blanc et caillouteux sous un soleil de plomb. Au loin, ils aperçoivent deux silhouettes qui doivent venir du même bateau. Les autres semblent avoir disparu aux quatre coins de la pointe de la botte. La faim les tenaille, ils sont déjà épuisés et sales. Ils ressemblent à des migrants. La peur de faire une mauvaise rencontre les terrifie à chaque mètre parcouru.

Trois jours passent ainsi à suivre des chemins et à éviter les villages, au hasard, espérant qu'ils se dirigent bien plein nord. Ils se nourrissent de baies, de fruits sauvages, de détritus que vomissent quelques poubelles de parking ou de décharges sauvages.

Désormais, ils sont décidés. Après des heures de discussions, c'est à Paris qu'ils veulent aller. La ville des artistes et de la richesse. Ils maîtrisent assez bien la langue. Le soir, ils dorment au creux d'un arbre et rêvent d'un toit. Saba murmure ses petits poèmes que Deko tente de mettre en musique sur un clavier de mousse ou de terre sèche.

Quand la lune chaule le ciel

La brume s'étire sur les champs

Les grillons du soir

Boîte à musique de mon enfance

M'emportent dans leur dormance.

Lyon-France

Le printemps précoce redonne du tonus à Lou. Les heures lentes vont s'en aller. La lumière reprend ses droits sur le galbe des deux collines. L'austérité des jours d'hiver glisse dans un plissement de soie et Lyon, telle une ballerine, se révèle avec grâce et discrétion.

Les bourgeons se decorsètent et l'ombre tapisse à nouveau les trottoirs. La nature fait des effets de manches. Enfin.

Quand elle arrive à la brigade, un post-it jaune fluo attire son attention. *La femme de Patrick Devaquez a appelé, elle veut te voir. Ravier.*

Lou est intriguée. Madame Devaquez avait fui si vite dans sa famille après les funérailles. Elle ne pensait pas ou plus la voir. Elle la rappelle aussitôt et convient d'un rendez-vous pour l'après-midi même.

Dire qu'elle est belle est un euphémisme. Une magnifique brune, grande et sculpturale. Des pommettes hautes, une bouche charnue et des dents d'Américaine heureuse bien qu'elle ne le fût pas. Assise face à Lou, elles échangent quelques paroles sur sa santé. Elle paraît calme mais distante. Elle lit dans le regard attentif de Lou, l'attente d'une raison à sa visite. La policière n'est pas déçue.

— Savez-vous que mon mari et Serge Lopes, l'homme que vous avez arrêté, étaient amis d'enfance ?

L'entretien dure une bonne heure et Lou n'interrompt Charlène Devaquez que pour lui faire préciser certains faits. Puis, avant de repartir, elle lui parle de l'absence de son mari. Du manque indicible. Quand elle s'en va, Lou fait entrer ses hommes dans son bureau. Ils ne vont pas en revenir.

Italie-Europe

Ils pensent qu'il est préférable de traverser une ville plutôt qu'un village. Moins repérables. Noyés dans la foule. Ils arrivent à Catanzaro, chef-lieu de la province du même nom. Cent mille habitants environ. Ils veulent gagner quelques euros en chantant.

Ils rêvent de se laver, manger à leur faim. Ils espèrent une gare. Les deux premiers jours, ils errent aussi discrètement que possible, puis ils trouvent un marché où ils chantent, inquiets d'être la cible du regard policier. Mais ils gagnent quelques euros, de quoi manger. C'est déjà ça. Dormir est plus compliqué, ils trouvent des jardins publics éloignés du centre-ville, des porches. Après quinze jours, ils ont assez d'argent pour louer une chambre pour une nuit. Ils se douchent et dorment ensemble dans un lit aux draps frais. Le bonheur peut être si simple.

Petit à petit, ils maîtrisent les lieux et les horaires des différents marchés. La voix de Saba fait le reste. On les écoute avec une attention qui les surprend. Deko rêve d'un clavier mais il doit se contenter de rythmer les chants, de faire la seconde voix.

Saba cache les quelques euros qu'ils réussissent à mettre de côté dans un petit étui en tissu confectionné par sa mère. Chaque fois qu'elle y enfourne un billet, le sentiment d'avancer dans leur quête est fané par la tristesse. Et son regard s'ébène.

Parfois, ils aperçoivent, çà et là, des grappes d'Africains, comme eux. Leurs yeux sont fuyants et leur allure misérable. Ils ont mauvaise conscience.

Même s'ils ne s'en sortent pas si mal, Deko sait qu'ils doivent quitter cette ville. On va finir par les contrôler. Il réussit à convaincre Saba qui a tendance à s'attacher aux lieux et qui voudrait rester encore un peu. Deux jours plus tard, ils sont à Cosenza, plus au nord. Et ils recommencent leur vie d'artistes de rue. La même chose à Scalea, puis d'autres villes encore.

Cinq semaines jusqu'à leur arrivée à Naples.

Lyon-France

Chauveau est debout, adossé au mur près de la fenêtre, les bras croisés, concentré. Ravier est assis face à Lou, il crayonne sur une feuille, discrètement, en écoutant. Violeau joue avec son gobelet de café, interloqué.

Lou a sa voix d'alcôve.

— Madame Devaquez, après quelques semaines de repos dans sa famille, a tenu à venir me voir. Le nom de Serge Lopes est remonté petit à petit dans son esprit, elle s'est rappelée avoir entendu parler de lui. Elle a demandé confirmation aux amis d'enfance de son mari et a retrouvé quelques photos datant du collège et des premières années de lycée, Lopes s'est arrêté à seize ans. Selon elle, ce n'est rien d'autre qu'une simple coïncidence, mais je crois que sa venue nous dit le contraire.

— Que veux-tu dire par là ? demande Chauveau.

— Peut-on vraiment imaginer qu'un pompier se fasse tuer, à priori par une bande de racailles anonymes, dont une ancienne connaissance, sans qu'il y ait un rapport avec leur passé commun ?

— Ça peut arriver, on a déjà tant vu dans notre boulot, répond Ravier.

— Certes, mais il va falloir creuser, non ?

— Oui, je crois qu'on ne peut être que d'accord là-dessus, conclut Violeau.

— En tout cas, Lopes s'est bien gardé de nous en parler, relance Ravier...

— A part ça, comment va-t-elle ? demande Violeau.

— Son allure était parfaite... trop. Elle a trente ans, elle est veuve et vient d'apprendre que l'assassin de son mari était, peut-être un ancien copain... ça fait beaucoup... Et... elle est incroyablement belle.

Les regards des trois hommes convergent sur Lou. Cette précision leur paraît surprenante. Pas sûr qu'elle aurait apprécié ce genre de remarque venant de l'un d'eux…

Pour une fois Lou et Chauveau rentrent ensemble. La passerelle du collège, qu'ils adorent, ondule sous leurs pas. C'est toujours une sensation étrange. Le Rhône est vert profond.

— Tu crois vraiment qu'on s'approche d'une piste ? dit Chauveau, sachant que tant qu'ils ne sont pas chez eux, l'évocation d'une affaire est autorisée.

— Le passé est toujours une clé…

— Tu penses vraiment que tout passé masque un non-dit, un mystère ?

— Oui, j'en suis persuadée…

Puis elle lui prend la main, concluant ainsi la discussion.

Naples-Italie

Un million d'habitants leur permet de passer plus inaperçus. Même si… leur peau noire, leur musique, leurs regards de bêtes traquées. Ils ne sont pas les seuls migrants dans cette grande ville et, dès la fin de leur premier petit concert, on leur indique un foyer aussi naturellement que s'ils portaient une pancarte autour du cou indiquant leur provenance et leur statut. On les reçoit correctement même s'ils ont la sensation de faire partie d'une suite ininterrompue d'anonymes qu'on ne reverra plus après quelques jours. Au moins, ils ont un lit, une douche, un endroit où manger.

Comme lors de leurs précédentes étapes, leurs chants plaisent et ils gagnent quelques euros. La petite sacoche de Saba prend de l'ampleur, de l'embonpoint. Leur situation difficile ne les empêche pas de composer de nouvelles chansons. Ils ont un carnet dans lequel ils notent les paroles de Saba, les mélodies de Deko. Leurs instruments leur manquent douloureusement.

Sous la corolle crépitante du parapluie

L'air épais s'envole

Une volière d'encre

Un frisson de cendres.

Un billet de train pour Paris n'est pas encore à leur portée. Loin de là. Au rythme de leurs petits concerts et compte tenu de leurs frais, Deko a calculé qu'il leur faudrait plusieurs semaines avant de pouvoir partir. Sans compter l'imprévu…

Mais leur vie reste celle de migrants dans un pays étranger. Et l'hostilité peut couver de manière inattendue, n'importe où. Une insulte lointaine, à l'abri d'une foule, quand on les traite de profiteurs, de mendiants, de nègres ou de singes. Un regard méprisant ou moqueur sur leur allure, leurs chants.

Et leurs congénères ne sont guère plus tendres. Les places sont chères et leur petit succès attise la jalousie.

Même leur passé n'est pas un socle rassurant. Deko confie à sa sœur qu'il a longtemps attendu que les souvenirs l'assaillent, qu'ils l'étreignent ou le portent. Le signe d'un déchirement. Mais rien ne vient. Il s'endort vide, nu, dénué d'histoire et de mémoire. Froid et distant. Une statue de marbre. Saba veut qu'il reste lui-même et a peur que leur existence ne l'aigrisse. Elle veut qu'il reste l'arrangeur de leur musique et de leur vie.

Lyon-France

À la lumière des révélations de Madame Devaquez, ils reprennent entièrement le dossier Lopes. Et Lou se dit, une fois de plus, qu'en voyant les choses sous un autre jour, tout est remis en cause. Ils prenaient Lopes pour une racaille primaire, un petit chef sans envergure et il s'avère que cela ne pourrait être qu'une façade. Certes, il a été arrêté plus d'une fois mais s'en est toujours assez bien sorti et toutes les grosses affaires mises en lumière, dans son quartier depuis son adolescence, ne l'ont pas autant exposé que celle-ci.

De son côté, Ravier a remonté la jeunesse de Patrick Devaquez. Il a bien côtoyé Lopes au collège Jacques Brel et une année en seconde…

Ils dissèquent à nouveau les images vidéo de l'agression des pompiers et les appréhendent, là aussi, différemment. Il semble, se disent-ils avec une grande prudence, que Lopes se concentre particulièrement sur Devaquez, alors que les pompiers étaient une bonne dizaine à intervenir. L'attendait-il ? Est-ce un hasard ? L'a-t-il seulement reconnu sous son casque et ses protections ?

Lou se dit que l'avocat de Lopes a vraiment joué sur du velours. Comment prouver que c'est vraiment lui ? Comment prouver l'intentionnalité ? Elle ne lâchera pas, toute son équipe le sait.

Et qui est vraiment ce Serge Lopes ?

* *

Certaines mélodies vous déchirent le cœur. Lou le sait, malgré la souffrance, elle a besoin de cela pour aller dans les régions les plus reculées de ses pensées, pour regarder la vie dans les yeux. *You're missing* de Springsteen lui fait cet effet…

Chauveau la prend par les épaules alors qu'elle regarde la Saône par la fenêtre du salon.

— Madame Devaquez m'a parlé de sa vie sans son mari… quelle tristesse… Elle m'a dit le manque qui l'oppresse dès le réveil. L'absence de l'odeur, de la voix, de la peau. Elle m'a dit le désespoir qui coupe le souffle, l'idée que ça n'ira jamais mieux. Elle m'a dit la perte d'envie. Elle m'a dit l'injustice de la vie…

Le regard de Chauveau accuse le coup.

— Elle s'est confiée à moi comme si j'étais une amie, comme si plus personne n'était prêt à entendre son malheur. Je suppose qu'on doit pouvoir épuiser ses proches… que trop de peine éloigne les autres. Les effets du malheur durent certainement beaucoup plus longtemps que la bienveillance de son entourage… Parfois la mort fauche mal.

Naples-Italie

— C'était bien ce matin, hein ? demande Saba en faisant allusion au concert qu'ils viennent de terminer.

Ils ont bien chanté et beaucoup de monde a fait cercle autour d'eux.

Deko s'apprête à répondre quand ils sont bousculés par trois hommes qui arrachent la musette que Saba porte sur l'épaule. Aussitôt, à genoux sur le trottoir, elle se met à crier. Une plainte qui déchire la rue. Dans son sac, il y a la pochette pleine de toutes leurs économies.

Les passants assistent à son naufrage et son air hébété les imprègne comme une odeur mauvaise. Il ne faut parfois que quelques secondes pour réaliser l'ampleur d'un malheur.

Deko a du mal à la prendre dans ses bras tant elle se débat contre cet uppercut du destin qui la frappe à nouveau de ses poings injustes et aléatoires. Il lui faut une bonne dizaine de minutes pour réussir à la relever et l'emmener dans leur foyer.

Pendant quelques jours, ils ne parviennent pas à parler des conséquences de ce vol. Ce retour en arrière dans leurs projets est trop douloureux. Alors, ils reprennent leur vie d'errance ponctuée de petits jours minables et sombres.

Ils chantent à nouveau sur les marchés et, si la voix de Saba reste toujours aussi belle, elle est désormais empreinte de blues, de fado et de mélancolie.

Dans mes nuits intranquilles
J'ébauche une vie sans rêve
J'espère trouver cette ville
Qui m'offrira une trêve.

Vivre un monde enfin coloré
De mes notes devenir riche
Chanter mon Afrique délaissée
Préférer la corniche à la niche.

Sans en parler, jamais, par la seule force du bouche-à-oreille, tout le petit monde de la rue est au courant de ce qu'il leur est arrivé. Irrémédiablement, tel un courant malsain, les fleuves sombres des profiteurs s'insinuent jusqu'à eux. Et, un soir, alors qu'il marche seul dans la rue, Deko est abordé par un homme à l'élégance sournoise, la cinquantaine tassée. Sur un ton amical, il lui dit vouloir l'aider. Deko l'écoute raide et fermé, sans un mot. Il a raison, le marché qu'on lui propose est inespéré mais inenvisageable. Trois mille euros et deux tickets de train contre le transport d'un colis jusqu'à Paris.

Lyon - France

Deux ou trois fois par semaine, Lou et Ambre déjeunent ensemble. En presqu'île souvent.

Ce sont toujours des moments attendus par l'une et l'autre. Ambre finit ses études de langues et a toujours mille anecdotes à raconter sur ses cours ou ses colocataires. Elle a beaucoup d'humour et Lou est fière de cela. C'est une graine semée, récoltée…

La jeune femme essaye toujours d'en savoir un peu sur les enquêtes de sa mère qui n'en dit jamais trop. Elle sait questionner jusqu'aux limites concédées par elle, jamais au-delà. Bien sûr elle a entendu parler de ce pompier tué. Sa colère est aussi immense que celle de Lou.

Ambre voit ses parents à tour de rôle, cela ne la froisse plus. Elle aime bien Chauveau qui a adopté la bonne distance. Le soulagement de Lou est immense. Chacun a fini par trouver sa place.

On sait maintenant que Lopes et ses deux complices sont partis se mettre au vert au Maroc. Ils sont retournés faire leurs classes sur les lieux de production. Cela durera quelques mois. On ne peut rien contre eux pour l'instant.

Lou et son équipe ont le temps de creuser cette piste curieuse et inattendue, le lien entre l'assassin et la victime, le passé commun de Lopes et Devaquez. Le noir et le blanc qui grisent cette enquête.

Ravier va chercher, surfer, téléphoner, engranger.

C'est une fourmi.

Violeau va frapper aux portes, interroger, fouiller les angles morts.

C'est une fouine.

Chauveau va épauler, compléter, improviser, remettre en question.

C'est un renard.

Lou va superviser, organiser, cogiter.

C'est une louve.

Il faut retrouver une direction, un but. Trop d'éparpillements jusque-là. Des fausses pistes, non, mais des déceptions, un adversaire plus fort qu'on ne l'imaginait.

Trop ?

Naples - Italie

Cette fois, Deko et Saba n'ont pu éviter le sujet. Ils en ont parlé une nuit entière. Ils n'ont plus d'argent. Ils sont restés trop longtemps dans cette ville. La mafia les scrute. Et ils savent sa cruauté illimitée.

Deko veut partir immédiatement, le temps de préparer leurs sacs et de se rendre à la gare.

Saba veut prendre le temps de gonfler à nouveau l'outre de tissu qu'on lui a arraché comme un enfant à naître.

Deko veut prendre le premier train et forcer le barrage. Fuir Naples, fuir le danger, fuir le passé qui les rattrape dès qu'ils prennent le temps de se poser.

Saba veut se cacher derrière son chant, prendre le temps de l'élan, assurer son pas, s'entourer de mille précautions.

Chaque kilomètre parcouru les rapproche de leur projet.

Chaque mètre effectué les éloigne de son Afrique.

Deko voit son avenir plus loin, ailleurs, plus tard.

Saba imagine la paix ici, bientôt, à portée de mains.

Ils se donnent une semaine de réflexion et, pour la première fois, s'endorment fâchés.

Pour ne rien arranger, l'automne se termine et ils connaissent alors leur véritable premier hiver.

Alors c'est ça le froid ?

Cette semaine de plus à Naples paraît identique aux précédentes, mais il n'en est rien. Deko a déjà la tête ailleurs, vers un monde plus facile, même si, dans le double fond de son esprit, il se doute bien que rien ne sera vraiment différent. Au moins, là-bas, on ne les connaîtra pas.

Saba sait bien, au fond d'elle-même, que rien ne pourra arrêter leur fuite. Pas encore. Elle continue à griffonner ses petits poèmes, mais leur noirceur est abyssale.

Le bourbier de mon passé m'enveloppe
Ma terre d'Afrique et ses pluies rouge sang
La soie de ses nuits allaitées par la lune

Ici mes sens sont délaissés
Les seuls fruits, sont ceux du hasard
Et ce froid qui me rend inconsolable…

Lyon - France

Les doigts de Lou s'attardent dans ses cheveux. Chauveau adore ce geste qui trahit l'impatience. Ils attendent Ravier qui termine d'imprimer les documents dont il a besoin pour la réunion. Une semaine qu'ils n'ont pas fait le point sur l'affaire Devaquez.

Enfin, il arrive, dégingandé et hirsute. Sa barbe de trois jours et sa chemise de bûcheron lui donnent un air harassé, il l'est souvent.

Après quelques raclements de chaises, Lou interroge du regard. Ravier est prêt.

— Le Dieu internet est immense, sans fond et sans secret. Quand on sait où chercher, comme moi… on y trouve tout, à part l'avenir peut-être, et encore… Lopes et Devaquez ont fréquenté le même collège et les mêmes classes jusqu'en troisième.

— Ça, on le savait, susurre Violeau.

— Patience, mon ami… Donc, disais-je, les mêmes classes mais également le même club de karaté, le même quartier, les mêmes premières bêtises, anodines, je vous rassure. Ils ont été renvoyés trois jours du collège Jacques Brel pour vols de deux roues dans le garage à vélos de l'établissement. Les vols de notre jeune pompier s'arrêtent visiblement là, alors que Lopes a poursuivi sur les voies de l'excellence en termes de larcins en tout genre.

— Ils ont donc vraiment été proches à l'adolescence, souligne Chauveau.

— C'est ça. Ensuite, je n'ai pas pu établir de liens entre eux, à part le fait qu'ils habitaient le même quartier, mais ils ont l'air d'avoir pris des routes différentes.

— Ok, conclut Lou, ils se connaissaient bien, et alors ? Ce n'est pas un mobile…

— Evidemment, c'est quasiment impossible de faire parler les gens du quartier, poursuit Violeau, mais Lopes est un Boss, tous les silences et les regards détournés le confirment. Même sa disparition clôt les bouches. Il doit avoir un sacré pouvoir pour tenir ainsi le quartier.

— Il doit faire vivre un paquet de gens, pense Chauveau à voix haute.

— Ce serait une invraisemblable coïncidence qu'il ait poignardé son ancien pote de jeunesse. Il y a sûrement quelque chose… Il faudra retourner à la caserne pour interroger ses collègues et ses supérieurs.

Naples - Italie

Le train est bondé, c'est ce qu'ils espéraient. Se fondre au milieu de la foule. Mais comment passer inaperçus quand on a la peau réglisse et le regard apeuré ? Les kilomètres s'enchaînent, bornés par le souffle de la vitesse. Les trains croisés et les tunnels irréguliers ne gomment pas le nœud qui vrille leur estomac. Ils descendent à chaque gare, espérant éviter les contrôles en tronçonnant leur trajet. Mille deux cents kilomètres de stress et de prudence. Un voyage où chaque mètre parcouru est une victoire, chaque gare atteinte, un pas vers l'espoir, chaque secousse, une épreuve.

Finalement, on ne fait pas tant attention à eux. Indifférence ou acceptation de la différence ? Saba s'interroge et cherche dans chaque regard croisé, un destin hors du commun, comme le leur. Elle griffonne sur son carnet les interrogations que provoquent les autres passagers, le paysage qui défile, l'inquiétude de son frère qui l'enveloppe comme une mauvaise haleine. Les mille ratures sur ces feuillets reflètent les aléas de son âme.

Il ne reste plus qu'une centaine de kilomètres quand, aux environs de Valence, apparaît en bout de wagon, le contrôleur tant redouté. Il avance de passager en passager, vérifiant les billets, échangeant quelques mots avec les uns, plaisantant avec les autres, conseillant les hésitants. Saba et Deko n'osent même pas échanger un regard. Ils sont pétrifiés. C'est la fin de l'aventure. Il ne reste plus qu'une demi-douzaine de banquettes et ils se donnent la main comme une dernière étreinte avant l'irréparable. Un couple assis en face d'eux se rend bien compte qu'il se trame, à cet instant, un incident irrémédiable. Ils se regardent, interloqués. Ils ont la soixantaine voyageuse et l'allure sportive. Ils vont être les témoins privilégiés d'une arrestation qu'ils pourront raconter à l'envie dans leurs soirées entre voisins.

Le contrôleur est jeune, trente ans environ, il dégage une assurance autoritaire qui n'augure d'aucune clémence. Plus que deux banquettes, une larme s'échappe des yeux de Saba. Une larme tellement amère qu'elle semble avoir la lourdeur du plomb. Ébaucher un geste pour l'essuyer lui paraît être un effort si grand qu'elle la laisse tracer son chemin.

La joue, l'aile de son nez, la commissure de sa bouche devenue violine.

Une banquette.

La voix du contrôleur est nette maintenant. Elle sonne comme un clap de fin. Le couple de voyageurs chuchote imperceptiblement. Saba n'est que désespoir.

Et si, finalement, ce n'était qu'un immense soulagement ? En terminer avec la galère, la crainte, le danger…

Le couple de la banquette d'en face se lève brusquement pour partir en queue de wagon, et la femme, dans un magnifique sourire, leur tend son billet pour deux personnes.

— Ne vous inquiétez pas, nous pouvons payer une amende… Bonne chance.

Lyon - France

Lou marche le long des berges de la Saône. Le quai est étroit et les passants se croisent de près sans jamais se toucher, à peine un regard. Ses yeux s'attardent sur ces flâneurs. Elle les passe au tamis de ses pensées, pour le plaisir d'observer les variétés physiques de cette race humaine qu'elle finit par ne plus voir que comme une potentielle horde de hors-la-loi. Heureusement, cela ne dure jamais. Il y a toujours quelque chose qui la ramène à la tempérance. Les mains de Chauveau, le souvenir de son père, le rire d'Ambre, le goût du café, la force du tanin, la voix de Bruce.

Et pourtant, là, son regard est vert sapin, celui de la colère. Elle a appris, juste avant de quitter la brigade, qu'à nouveau, des pompiers avaient été pris pour cible, au Mas du Taureau, à Vaulx-en-Velin. Pris à partie pendant une intervention pour un incendie de voitures, ils ont dû renoncer et faire marche arrière en attendant un renfort policier. Il est des choses choquantes pour lesquelles elle n'est plus prête à faire un effort de compréhension. C'est inutile.

Par contre, elle veut savoir comment cela se déroule. Dans deux jours, elle passera une nuit avec les pompiers de la rue Pierre Corneille, dans le sixième arrondissement.

Le jour tombe, l'automne gagne sans discussion, même s'il lui arrive de concéder quelques douceurs ou flammèches rosées dans l'or du soir. Lou se couchera tôt. Dans les ambiguïtés de la nuit, elle sait qu'elle voit plus clair. Les insomnies ont un don de lucidité à nul autre pareil. Combien de fois, nichée dans la tiédeur de Chauveau, a-t-elle réussi à voir les choses sans fard, dans leur crudité la plus pure ?

Lyon - France

Six mois après leur départ de Mogadiscio, ils posent le pied sur le sol français, leur objectif de départ. La gare de la Part-Dieu n'a pas déroulé son tapis rouge mais le soulagement est immense. Après quelques hésitations, ils se retrouvent dans la salle des pas perdus et Deko aperçoit un objet qu'il n'a pas eu l'occasion d'approcher depuis le jour du drame, depuis son départ de l'Afrique.

Un piano.

Il a vaguement entendu parler de cette habitude nouvelle dans les gares françaises, laisser un piano disponible pour les doigts aguerris ou téméraires.

Lentement, il s'approche, un piètre musicien qui vient de massacrer Bohemian Rapsody, lui laisse le champ libre. Avec mille précautions, il s'assoit sur le tabouret, sourit et laisse passer une longue minute avant de plaquer un accord harmonieux rempli de frustration et d'envie. Puis, il laisse aller ses mains comme on libère une meute de loups. Il joue si naturellement. Peu à peu, une foule de badauds s'agglutine autour de lui. Les passants ont conscience de vivre un instant rare et ils restent médusés devant tant de beauté et d'incarnation. Après trois morceaux libérateurs, Saba s'approche doucement, pose une main sur son épaule et chante une de leurs premières compositions. Sa voix s'envole, emplissant le hall d'un voile rauque. Les yeux des auditeurs s'embuent. Pour la première fois depuis une demi-année, le temps n'existe plus.

Chapitre III

Les chicots de la misère

Lou sourit intérieurement. Qui n'a pas rêvé de se retrouver dans un camion de pompiers, filant sirènes hurlantes, vers un homme ou une femme à sauver ? Les hommes du capitaine Josz l'ont accueillie chaleureusement et elle se sent en confiance même si l'inattendu des interventions à venir durant cette nuit l'inquiète un peu.

Et puis, tout s'enchaîne sans temps mort : un motard renversé par une voiture, une crise cardiaque à domicile, avec une porte à forcer, un homme retrouvé ivre mort sur un trottoir, une rixe avec un blessé grave.

Alors que la nuit s'achève, un dernier appel les envoie vers Villeurbanne Saint-Jean, un quartier chaud. Lou sent immédiatement une tension crisper les mâchoires et les regards. Cela confirme son intuition, une faille immense sépare désormais la société française. Le boulevard périphérique des grandes villes est une frontière infranchissable. Deux France qui ne se comprennent pas et qui veulent rester chacune dans leur monde.

Les tours grises et cubiques hérissent le quartier, sans goût ni grâce. Même les ombres de la nuit ne parviennent pas à adoucir les angles. Un feu de voitures est signalé sur un parking et, peu avant d'y parvenir, les premiers impacts résonnent sur le toit du camion. Le silence qui règne dans l'habitacle est rythmé de manière désordonnée. Le calme apparent des pompiers évite à la panique de s'installer mais Lou n'est pas dupe. Les pierres et objets divers, comme une pluie crépitante, rendent l'ambiance insupportable. Ils se garent à l'écart du feu et sortent tendus et anxieux.

A environ deux cents mètres brûle une demi-douzaine de véhicules et une fumée noire masque les immeubles derrière. Les gestes professionnels reprennent le dessus et les hommes équipés s'approchent des voitures en feu, concentrés sur le foyer.

Les insultes fusent et les casques protègent des projectiles. Ils éteignent le feu en quelques minutes puis regagnent leur véhicule et fuient plus qu'ils ne rentrent, plus dégoûtés que fiers d'avoir fait le job.

Lou, qui n'a pas quitté le camion, comme on le lui avait demandé, ressent la même amertume. Personne ne brise le silence durant le retour à la caserne et tous se demandent comment retrouver la motivation pour retourner au feu.

*** ***

Une fois de plus, après le marché de Zaouïa et l'incroyable générosité d'Amina, leurs mini-concerts italiens, la musique a donné au chemin de fuite de Saba et Deko, des carrefours favorables. Après leur improvisation à la gare de la Part-Dieu, une auditrice leur a proposé de les héberger quelque temps dans son appartement de la Croix-Rousse, en attendant qu'ils trouvent une stabilité, un logement et les premiers papiers à remplir : demandeurs de droit d'asile.

Rosa a la soixantaine baba cool, elle rentrait d'une semaine dans la Drôme quand elle a entendu le piano de la gare chanter comme jamais. Professeur de musique fraîchement à la retraite, elle a compris en quelques minutes qu'elle avait croisé le talent à l'état pur. Une voix qu'il faudra apprendre à retenir, un jeu de piano à sophistiquer, mais un éclat sonore magnifique.

Le paradis peut être fait de simplicité. Une chambre à partager, une salle de bains, des toilettes, un intérieur petit mais propre et cosy. Une discothèque immense à disposition, une hôte accueillante, clé d'un début d'intégration.

Et, un accès à internet. En quelques clics, leurs deux paires d'yeux reviennent en Somalie et ce concert qui s'est terminé en massacre.

Vingt-sept morts dont les deux terroristes. Une quarantaine de blessés. Une ville meurtrie qui vit sous une surveillance démesurée et chaotique.

Ils se sont dit qu'ils n'auraient pas dû aller voir, mais pouvaient-ils faire autrement ?

Et puis, il y a toutes ces surprises qu'une vie en France leur réserve. Boire du vin tous les jours, être si pressé, quand on marche dehors, cette richesse qui éclabousse chaque vitrine, ces rues si bien entretenues, les gens qui râlent beaucoup, les amis de Rosa curieux de leur histoire, compréhensifs, l'indifférence des gens face à ces miséreux, la blancheur des peaux, le mélange des origines, le soleil qu'on traque, la pluie qu'on fuit, le nombre de médias, de journaux, de restaurants, de fromages. Rosa en sourit et essaie de leur expliquer.

* *

Lou a son regard si particulier ce matin. Un regard animal, de traqueuse. Un mélange de détermination et d'énergie pure. Entre le vert menthe et l'anis foncé.

Lopes, Mammana et Benzia sont de retour.

Trois mois d'absence, le temps de se faire oublier ou remonter les bretelles. Le temps de rendre des comptes et de revenir aux fondamentaux sur les lieux de production, comme on refait ses gammes. Les plantations, la récolte, le conditionnement, l'acheminement. Une manière de regagner ses points sur son permis de nuire.

Un véritable conseil de guerre se met en place. La nuit que Lou a passée avec les pompiers l'a marquée plus qu'elle ne l'imaginait. Leur mission, les risques, leur sérieux. Et puis, voir des suspects, libérés d'abord, en fuite ensuite, l'a fortement échaudée.

Désormais, les trois hommes seront surveillés vingt-quatre heures sur vingt-quatre.

Parallèlement, l'organisation du trafic de stupéfiants dans le quartier de Lopes va être observée à la loupe par la brigade des stups qui travaillera en étroite collaboration avec l'équipe de Lou.

Enfin, les bandes-vidéo de l'intervention des pompiers, le soir du meurtre, vont faire l'objet de nouvelles analyses plus poussées.

Une énergie retrouvée, coule en elle, comme un rhum profond.

**

La discothèque de Rosa est pleine de ressources classiques ou insoupçonnées. Saba et Deko ont déjà une bonne culture musicale mais découvrir les Impromptus de Schubert et le Miserere d'Allegri leur fait l'effet d'une claque. Entendre, pour la première fois, la basse de Marcus Miller et le timbre de Janis Joplin les remue. Ecouter les textes de Ferré et les feulements de Jeff Buckley les déstabilise. Détailler le jeu de Mark Knopfler et le son de Stan Getz est matière à réflexion. S'initier aux improvisations de Keith Jarrett et à la fausse légèreté de Clapton les stupéfie.

Le piano droit qui trône dans le salon redonne à Deko goût à la vie, la vieille guitare sèche dégourdit les doigts de Saba.

L'allant créatif est de retour…

Mais l'étroitesse des lieux et la peur permanente de gêner les poussent à rechercher un appartement et un travail.

Ils trouvent, en quelques jours, dans la restauration qui paie si mal pour des horaires ahurissants. Un travail non déclaré bien entendu…

Dans la même brasserie de la rue Mercière, elle sert, il fait la plonge. Un travail prenant et fatigant mais des euros inespérés dans leur situation. Rosa leur sert de prête-nom et de caution pour le petit appartement dans lequel ils s'installent dès leur premier salaire versé. Une tour HLM à Vénissieux.

**

S'ils sont revenus sur les lieux de leurs méfaits, les trois hommes des Minguettes mènent une vie en apparence exemplaire. Pas un pas de travers, des horaires de banquier suisse, une vie de citoyen normal. Les surveiller est l'activité la plus ennuyeuse qui soit. Rien à se mettre sous la dent.

Lou et ses hommes ont bien conscience qu'on les endort et la sensation de perte de temps est insupportable. D'autres affaires réclament leur attention et leur énergie et Lou sent bien qu'il va falloir prendre une décision. Elle ne pourra plus justifier longtemps autant de moyens humains.

Alors, une idée politiquement incorrecte commence à pointer derrière ses yeux pistache. Quelque chose qu'elle n'ose confier ni à Chauveau, ni à Trivic, son supérieur, ni même à sa propre conscience, tant cela est dangereux et en dehors des clous…

Elle devrait pourtant laisser tomber. Considérer que cette affaire remplira les statistiques des dossiers non résolus, comme des centaines d'autres. Rien à redire sur l'implication, la volonté ou le professionnalisme de son équipe. Juste une chance insolente pour les meurtriers. Une pomme pourrie qu'on oublie au fond d'un panier, une fissure qu'on délaisse.

Mais elle n'est pas faite de ce bois. L'injustice, la révolte, l'impunité la rendent malade. Et, quitte à prendre un risque, autant que ce soit pour une cause juste. Celle pour laquelle elle se lève chaque matin. Celle qui rend son regard haut, le monde de sa fille un peu moins dur.

**

Ils marchent dans la rue avec la sensation d'être à contre-courant. L'hiver n'en finit pas de mordre et la foule reste emmitouflée. Ils fendent le flux comme un brise-glace la banquise. La diversité les surprend toujours autant. Une petite vieille élégante marche dans des baskets fluo détonnantes mais confortables. D'immenses adolescents gauches et bruyants traînent leur crinière hirsute. Des hommes en costumes sombres exposent leur importance. Des parents modèles ou dépassés emmènent leur couvée vers des lieux plus chauds. Des policiers marchent par paire, des militaires par demi-douzaine. Ici aussi, l'aveuglement a frappé au hasard.

Cette multitude est-elle une chance pour trouver leur place ?

Leur début de culture française semble dire le contraire. Ici les couleurs ne se mélangent, finalement, pas tant. Les Français et leurs représentants politiques se déchirent sur les thèmes de l'immigration et de l'intégration à longueur d'élections.

Le travail au restaurant ne leur procure pas vraiment le même quotidien. Deko ne sort pas de sa cuisine-évier de quatre mètres carrés, entre les plats sales et les verres et assiettes qui n'ont pas trouvé de place dans le lave-vaisselle pourtant vorace. Saba virevolte entre les tables dans une longiligne élégance qui ne laisse pas indifférent. Au fur et à mesure de la soirée les mains deviennent baladeuses…

Mais ils serrent les dents et arrivent à arracher un quotidien décent.

La tour dans laquelle ils vivent est partagée en deux parties bien distinctes. Les dix premiers étages habités par des gens simples, souvent harassés par des boulots insipides ou par l'ennui d'un chômage sans fin. Les étages du haut, inaccessibles, où semble vivre une faune plus organisée qu'elle ne laisse paraître. Lieux de trafics divers et de violence admise par la majorité silencieuse terrorisée.

* *

Les mains moites et un imperceptible tremblement de ses cuisses trahissent le stress. Viendra-t-il ? D'abord surpris par son appel de la veille, il a semblé amusé. Mis en valeur ?

Ce bar du boulevard des Etats-Unis, dans le huitième arrondissement, est à mi-chemin de leur territoire respectif. Bien sûr, elle a promis l'absence d'escorte et de micro. Il vérifiera.

Le café posé devant elle a des relents de route fraîchement goudronnée. Elle ne le touchera pas mais se souviendra de ses effluves comme celles de leur premier rendez-vous.

A dix heures quinze, avec un bon quart d'heure de retard, elle s'en doutait, il entre dans le bistrot. Son allure est soignée et intimidante. Jean noir, blouson de cuir sur un sweat blanc à capuche, baskets hors de prix, Ray-Ban.

Le café qu'on lui apporte dans la minute trahit son habitude des lieux. Elle s'en doutait aussi. Sans lever ses lunettes, il lui sourit, presque franchement.

— Bonjour, capitaine Grimaud, comment ça va ?
— Très bien Monsieur Lopes, merci.
— C'est quand même une drôle d'idée de vouloir rencontrer un homme que vous avez mis en garde à vue il y a quelques semaines.
— C'est vrai, mais c'est mieux qu'au commissariat non ?

Il sourit et acquiesce. Il a l'air tellement à l'aise qu'elle doute déjà du bien-fondé de cette rencontre. Elle enchaîne.

— Vous aviez disparu… un souci familial ? Un voyage d'affaires ?
— Un peu des deux…

— En tout cas vous êtes de retour… Votre vie n'a jamais semblé aussi calme, presque ennuyeuse ?

— Je vois que vous vous intéressez beaucoup à moi, je suis flatté. Mais… en fait… c'est quoi ce rendez-vous ? Vous voulez quoi ?

Le ton est plus agressif. Il est méfiant. Son caractère semble tellement changeant. Lou comprend qu'il peut s'en aller d'une seconde à l'autre, elle enchaîne.

— Je voulais que vous m'expliquiez un peu mieux comment s'organise… votre… vie de quartier…

— Je comprends pas.

— Votre quotidien… votre job… l'organisation…

Elle marche sur des œufs, tout se joue là, soit il l'écoute, soit elle ne le reverra plus dans ces conditions.

— Quoi ?! Vous voulez carrément que je vous fasse une leçon sur le deal et tout le reste ! C'est une blague ?!

— Non…

Sa voix n'est qu'un murmure, un fil de soie. Leur échange de regards pourrait enflammer une forêt de pins. Lou ne cille pas. Sa pupille a noirci presque entièrement l'océan de vert. Quant à Lopes, le charbon de ses yeux n'est plus qu'un trou noir cosmique. De longues secondes s'écoulent comme des coulées de lave.

— Et j'y gagne quoi ?

— On vous laisse tranquille quelque temps. Moins de surveillance. Plus de descente. Le calme assuré.

Quelques secondes passent. De plomb. Les yeux de Lopes oscillent entre sa tasse de café et la circulation extérieure qui s'accordéonise selon la couleur des feux. Puis, dans un raclement de chaise et sans un regard, il disparaît.

Lou ne bouge pas. Est-ce un échec ? Finalement, il ne l'a pas envoyée se faire voir…

Les prochains jours s'annoncent longs.

* *

Difficile de trouver du temps pour jouer ou composer quand le quotidien ronge comme une rouille. Les journées à la brasserie sont longues et, surtout, morcelées. On débute en milieu de matinée jusqu'aux environs de quinze heures. Puis la journée reprend de dix-huit heures jusqu'à une heure du matin, si les clients ne traînent pas.

Peu de week-end, pas de temps libre. La fatigue pèse sur les touches et les cordes.

La joie d'avoir un foyer propre et indépendant est rognée petit à petit par le quotidien de l'immeuble. Le bruit et l'agitation en bas. Les occupants du haut de la tour qui font la pluie et l'absence de beau temps.

Deko s'impatiente. Il a du mal à dormir et à se concentrer sur sa musique. Saba a peur de ces hommes qui la regardent comme si elle était à disposition.

Ils ont compris, maintenant, pourquoi on trouve des logements assez facilement, ici. Chacun sa place…

Dans ses nuits intranquilles, Deko s'interroge. Debout devant la fenêtre de la cuisine, il pense à son parcours depuis son dernier accord plaqué dans la nuit somalienne.

Dehors, les tours hérissent la nuit. Des lumières, çà et là, révèlent les solitudes. Les immeubles sont comme une dentition agressive, dangereuse mais abîmée. Ce sont les chicots de la misère qui pourrissent lentement. Mauvais et nauséabonds.

Il est inquiet. L'environnement, le voisinage vont finir par les salir. Il a peur pour sa sœur dont la délicatesse et la beauté sont des proies.

Elle parle si peu. Ses journées sont harassantes et, si elle continue à noircir ses carnets, cela fait longtemps qu'elle ne lui a pas proposé un de ses poèmes.

* *

Cinq jours ont passé. Lou est souvent débordée par le travail dans sa brigade ruche. Les mauvais coups des hommes ne font jamais de trêve. Elle rêve d'une nuit, d'une journée, sans violence. Vingt-quatre heures pour souffler, pour mettre à jour les dossiers en retard, la paperasse, la mauvaise conscience.

Et, vers midi, alors qu'elle s'apprête à déjeuner, elle reçoit un texto.

OK. On se voit quand ? Même lieu ? Même heure ?

Deux fossettes creusent imperceptiblement ses joues. Elle propose un rendez-vous pour la fin de semaine. Surtout masquer l'impatience. Elle se demande si sa promesse de fermer les yeux n'est pas disproportionnée.

Qu'importe… On ne ferre pas un requin avec de la guimauve.

Cette fois, elle arrive avec quinze minutes de retard. Elle n'attend que quelques instants. Il faut bien prendre des habitudes…

La même table, le même café qu'on lui apporte comme une déférence, les lunettes de soleil.

— Finalement ma proposition n'était pas si saugrenue ? sourit Lou.
— Oui… ça peut fonctionner. On verra.

Le ton est méfiant. Elle doit encore jouer les équilibristes.

— Vous n'avez qu'à répondre aux questions qui vous gênent le moins. Par contre… si vous me mentez, on arrête tout. A vous de voir, c'est donnant-donnant.

Elle trouve la discussion déjà tendue.

— Les deux prochaines semaines, nos équipes seront davantage présentes au Mas du taureau à Vaulx-en-Velin. Vous serez tranquilles…
— Bien… très bien.

Un demi-sourire fend sa barbe de trois jours. Elle en profite.

— Alors… d'où vient la came exactement ?

— Principalement du Maroc via l'Espagne.

— Oui… on le savait.

— Plus précisément des zones montagneuses du Rif, au nord-est du pays.

— Quelle quantité et à quel rythme ?

Lou enchaîne les questions.

L'entretien dure une vingtaine de minutes. Pas de grandes révélations mais quelques précisions intéressantes. Il a passé le test. Arrivera-t-elle à l'emmener plus loin ?

Désormais, il va falloir qu'elle en parle à son équipe, au commandant Trivic, à Chauveau. Si on laisse le trafic ronronner gentiment, elle doit en référer à l'institution, obtenir des feux verts. Elle est déjà engagée.

* *

Un repas chez Rosa est toujours un moment de chaleur et de paix. De régal aussi. Elle cuisine des plats qu'ils ne connaissent pas avec des ingrédients dont ils ignoraient même l'existence. Quand elle sent qu'ils sont bien repus et qu'ils ont apprécié le côtes-Du-Rhône qu'elle ne manque jamais de leur servir, elle les fait parler de leur enfance, leur jeunesse, leur Afrique. Elle a compris qu'il y a là une digue à ouvrir. Alors, dans la pénombre de son petit salon, ils se laissent aller à évoquer la douce sévérité de leur père, la rude tendresse de leur mère. Ils sentent à nouveau la terre rouge, la chaleur rassurante, les odeurs envahissantes, le miel de l'innocence.

Les écluses de leur mémoire libèrent un suc d'enfance dont ils ont oublié la douceur.

Ces repas, deux fois par mois environ, leur permettent de réaliser l'épreuve endurée, le chemin accompli. Ce qu'ils ont laissé, ce qu'ils doivent reconquérir.

Insidieusement, de repas en repas, ils délaissent leur passé pour évoquer, à petites touches timides, l'ébauche d'un avenir. Obtenir le statut de réfugié, trouver un meilleur travail. Écrire, composer. Déménager.

Le poids du voisinage et de la délinquance pèse chaque jour davantage.

Saba ne supporte plus les remarques sexistes, le regard des hommes sales et menaçants. Les murs tapissés de froid, le gris qui jamais ne rosit. Les chicots de la misère. La vulgarité des ados qui semblent vivre jour et nuit dans l'allée dont il faut passer le sas plusieurs fois par jour, comme une douane.

Elle a peur des trafiquants dont les chefs ont investi le haut de la tour. Territoire occupé et interdit.

Ses textes qu'elle travaille toujours autant, comme une pâte, sont devenus sombres.

Le ciel, parfois, ignore la terre.

La délaissant, sèche et amère

Et les hommes ne sont que sueur

Et les femmes ne sont que labeur

La Lune rit sous sa coiffe

Parfois les dieux ont soif.

* *

Les rendez-vous se succèdent. Toujours le même bar glauque et utilitaire. En milieu de matinée, dans l'odeur des kebabs chauds. On ne peut pas vraiment parler de routine mais l'atmosphère est moins tendue. On ne se jauge plus, on parle, on échange.

Les collègues de Lou n'ont pas accepté ce rituel avec un grand enthousiasme. Ils se sentent un peu exclus et trouvent Lopes dangereux. Chauveau et Trivic lui font confiance. Ils savent son instinct de chasseresse.

Un dispositif de sécurité a, tout de même, été mis en place. Une voiture avec deux hommes, stationne à deux pas du bar. Lou l'ignore.

Dans un premier temps, elle n'a rien appris. Et puis, progressivement, il a lâché des informations, des petits riens, des détails qui commencent à former une mosaïque. Elle connaît désormais, le nombre des hommes qui structurent cette organisation très hiérarchisée et assez sophistiquée. Le fonctionnement, elle en connaît les principes et les bases, mais ce qui l'intéresse vraiment, c'est l'histoire de Lopes, les éléments déclencheurs qui l'ont fait basculer dans ce monde, dans ce rôle de petit chef efficace et violent. Les bases sont classiques, absence d'autorité monoparentale, échec scolaire, mauvaise fréquentation. Tout cela, elle connaît par cœur.

Mais, petit à petit, elle perçoit ce qui a fait de lui un leader. Il est intelligent, très. Manipulateur et patient. Il possède un sens inné de l'autorité et sait parfaitement laisser son interlocuteur dans l'inconfort en alternant l'attention et la désinvolture, le calme et la tempête, le sérieux primaire et l'autodérision. Il joue à la racaille alors qu'il n'en possède pas les limites, seulement les codes.

Il lui semble percevoir, dans leurs entretiens, autre chose que de la tranquillité pour faire tourner son business. Une curiosité malsaine ? La possibilité de manipuler le camp d'en face ? Une attirance…

Désormais, ils sont entre l'échange franc et la confidence. Ils se tutoient. Une sorte de no man's land relationnel. Comme dans une partie de tennis, quand on réalise que pour faire basculer le match, on doit continuer à rester en fond de court, attendre la faute ou la fatigue de l'adversaire. Ou, au contraire, monter au filet, provoquer, prendre l'adversaire à la gorge. Lou se sent prête. Elle le cerne suffisamment et n'a pas l'intention de faire durer cette relation trop longtemps encore. Elle veut regagner sa rive, celle de son équipe, celle de Chauveau.

— Comment parviens-tu à vivre avec cette pression constante ? Le stress, la violence, l'absence d'avenir serein ?

— Le stress est un moteur qu'on peut contenir. La violence ? J'en délègue l'usage à mes hommes… Et qu'est-ce qui te dit que je n'ai pas le projet d'une vie tranquille ?

— Je crois que ça se termine toujours mal…

— Et toi… je peux te retourner la question. On a presque la même vie finalement… Sauf que moi, je suis riche. Allez… dis-moi combien tu gagnes ?

— 2 500 euros environ.

Le sourire de Lopes en dit long… Un mélange de pitié, d'incompréhension et de fausse désolation.

— Qu'est-ce qui te fait sourire ? relance Lou, agacée.

— Je gagne dix fois plus que toi. Comment veux-tu que j'aspire à une vie normale ? Et mes hommes gagnent quatre à cinq fois ta paye de misère. Le jeu est faussé d'avance, ta volonté de nous rééduquer est un combat perdu.

* *

Une écharde de lumière transperce le ciel bas. Il est si tôt. Saba slalome entre les tours jusqu'à l'entrée du métro. A cette heure-là, *les hommes laids* dorment. C'est le surnom le moins grossier qu'elle a trouvé pour désigner les racailles qui infectent son immeuble.

Ce matin, elle a rendez-vous, sur les pentes de la Croix-Rousse, pour un entretien d'embauche, un petit job de serveuse, peu payé, bien sûr. Elle ne supporte plus les mains baladeuses de son actuel patron qui sait très bien que l'absence de titre de séjour facilite les effleurements intrusifs.

Avec son frère, et l'aide précieuse de Rosa, elle a réussi à réunir les innombrables pièces qui constituent un dossier de demande de droit d'asile.

Elle sait les attentes interminables, les papiers manquants, les regards las des guichetiers débordés, le désespoir des délais indéterminés, le peu de chance de réussite.

En attendant, ils doivent raser les murs, récurer les assiettes, baisser les yeux. L'entretien se passe bien, elle est soulagée de rencontrer un jeune couple qui vient d'ouvrir un restaurant bio, bobo, accueillant. La présence d'une femme change la donne, elle se sent moins observée. En outre, deux soirs par semaine, des musiciens viennent jouer sur une scène grande comme une boîte à chaussures.

C'est une perspective qui la fait sourire enfin.

**

C'est un de leurs derniers rendez-vous, elle en a la certitude. Ils se sont vus beaucoup, une douzaine de fois. Ils se cernent désormais. Le jeu du chat et de la souris s'épuise.

— J'ai besoin d'un gage de confiance supplémentaire, tente Lou, ses yeux menthe plantés dans le charbon des siens.

Il reste muet, mi-amusé, mi-intrigué.

— Fais-moi visiter ton QG, le sommet de TA tour. Je viendrai incognito en suivant tes conditions. Pas de commentaires, pas d'arrière-pensées, pas de descente ensuite.

Lopes la scrute à la manière d'un félin hésitant entre l'attaque et le renoncement.

— D'accord, on y va. Maintenant. Personne n'est prévenu, on débarque là. Je ne peux pas faire mieux.

Lou n'en revient pas mais elle commence à se demander si, prise de court, elle ne va pas tomber dans un piège.

— Et toi… quelle est ta demande ?
— On verra… je vais y réfléchir…

Alors, ils quittent le bar. Elle va le suivre en voiture.

**

Quand Saba rentre de son entretien, elle achète de quoi faire le plat que sa mère maîtrisait parfaitement : un maraq. Sorte de ragoût de bœuf, accompagné de riz épicé au cumin et à l'ail.

Cela fait longtemps qu'elle ne s'est pas sentie aussi légère. Elle fredonne dans la rue, prenant garde à ne pas laisser sa voix s'envoler comme une volée de francolins. Deko va être heureux.

Elle entre dans l'immeuble désert et dépose ses courses sur la petite table de la cuisine. Étonnamment, l'appartement sonne vide.

Habituellement, Deko joue sur son petit clavier ou écoute de la musique. Après quelques minutes d'interrogation, elle le trouve sur son lit. Des gémissements font trembler son corps. Son visage est tuméfié et sa main droite incroyablement enflée.

Elle s'agenouille près de lui et lui caresse les cheveux, attendant patiemment qu'il prononce un mot. Cinq minutes s'éternisent.

— C'est… c'est les gars d'en haut… ils m'ont frappé dans l'escalier… je leur ai répondu quand ils ont commencé à parler de toi… avec leurs mots sales. Ils étaient trois… ma main… ils ont dit que la prochaine fois, ils la couperaient.

Les yeux de Saba ne sont plus que sabres… Ses pensées l'effraient.

* *

Ils se garent à un kilomètre puis marchent côte à côte sans un mot. Chaque personne croisée salue Lopes d'un hochement contraint ou d'une parole soumise. C'est le Boss.

Ils traversent l'allée de la tour, sans un mot pour les chiens de garde. Il n'a rien à justifier. C'est le Boss.

L'ascenseur, hors d'usage, les oblige à monter les seize étages à pied. L'escalier est ponctué de jeunes hommes ou de vieux ados. Il ne leur répond pas toujours. C'est le Boss.

Enfin, essoufflés, ils arrivent dans le couloir gris qui dessert les portes palières. Toutes sont condamnées, exceptée une par laquelle on pénètre dans l'antre. Elle est blindée.

Deux hommes ouvrent, respectueux.

C'est le Boss.

* *

Deko s'est endormi, Saba a vidé toute sa pharmacie pour bander sa main, calmer la douleur.

Elle est seule, debout devant la fenêtre de sa cuisine. Le monde qui l'entoure la désole. Son esprit dérive vers son Afrique.

Quand l'air chaud fond

Les oiseaux semblent nager

Haute couture en bataillons.

Le vent sculpte les dunes

Dessinant des ourlets

De sable aux couleurs brunes.

Et les lacs, tels des hosties

Marquettent le paysage

En fécondant la vie.

Elle ne sait plus s'il est utile de rester, de chanter, d'écrire. Son gouffre est abyssal.

Les larmes qui coulent labourent ses joues de reflets de jais.

Deko dort, elle n'en peut plus de cette vie, de cet appartement. Elle a besoin de marcher, loin d'ici.

Alors elle laisse Deko seul dans son sommeil et sort un moment dans le vent mauvais et la grisaille.

Une gazelle dans un zoo.

* *

Des piles de cartons bien alignées tapissent toutes les pièces. Matériel informatique ou vidéo. Vêtements de marque, produits de luxe. Mais l'immense appartement est mieux rangé qu'elle ne l'imaginait. On a fait tomber quelques cloisons pour bénéficier d'un grand salon. Des canapés structurent l'espace, encadrant des tables basses recouvertes de téléphones portables, toujours dans leur étui en plastique. Les meubles sont disparates mais design. Un rap américain bruyant empêche toute conversation.

On ne se refuse rien. Lou, craintive au début, passe désormais d'une pièce à l'autre. Elle n'aura pas deux fois cette chance. Lopes la suit des yeux, amusé. Il imagine sa stupeur. Dans une des chambres du fond de l'appartement, elle trouve ce qu'on pourrait appeler l'armurerie. Des fusils rangés dans leur râtelier. Des caisses fermées, des boîtes de munitions. Un arsenal. Lopes passe devant elle et ferme délicatement la porte.

— Il ne faut pas réveiller les enfants qui dorment, chuchote-t-il dans un grand sourire.

La demi-douzaine d'hommes affalés dans les canapés, la suit silencieusement des yeux, interloquée, puis retourne à ses jeux vidéo hypnotiques.

Sans un mot, elle regarde la vue panoramique qui couvre tout le pâté de maisons. Une échelle métallique monte jusqu'à une trappe qui doit mener aux toits, à une terrasse ?

Comment les surprendre dans un tel mirador ?

Une odeur entêtante de cannabis et de thé à la menthe sature l'air. Elle n'ose ouvrir une fenêtre et commence à sentir sur elle, les yeux des hommes, la pression, la folie de sa présence ici. Le danger ?

Elle chuchote un merci discret et quitte l'appartement en essayant de masquer l'impatience qui la gagne. Sans Lopes, la descente des escaliers est moins respectueuse. Les ados lui rappellent qu'elle est une femme, une proie potentielle, un objet.

Quand elle se retrouve enfin à l'air libre, elle sent une pellicule de stress et de sueur le long de sa colonne vertébrale. Elle sait maintenant pourquoi certains disent que la peur a changé de camp.

Alors qu'elle arrive vers sa voiture, un peu rassurée, elle voit passer devant elle, sur le trottoir, une jeune femme noire, emmitouflée mais délicatement élégante. Sa beauté n'a d'égale que l'infinie tristesse qui habite son regard. Quelle vie peut donc avoir cette personne pour être ainsi désespérée ? Si elle osait, elle effleurerait son épaule pour lui parler.

* *

La main de Deko va un peu mieux. Il n'empêche, il a eu peur et s'est bien rendu compte à quel point son art dépendait du sort. Il est fragile, exposé.

Il est hors de question de rester dans cette tour, dans ce quartier plus longtemps. Mais Rosa a beau se démener, trouver un appartement est très difficile. Ils n'ont toujours pas de papiers français.

Le nouveau travail de Saba est, heureusement, une petite embellie dans leur vie. Ses patrons sont bienveillants et, côtoyer des musiciens lui fait tellement de bien. Deko vient assister, dès qu'il le peut, aux concerts. Leurs doigts les démangent. Ils n'osent pas encore passer le cap. Pas assez de répétitions, peur de se faire trop remarquer.

Dans cette période difficile, l'esprit de Saba s'envole souvent vers son passé. Sa famille disparue, l'Afrique abandonnée. Bien sûr, elle a fui le danger et la mort mais on ne guérit jamais de son enfance. Les odeurs de nourriture lui manquent. Les couleurs, le vent tiède. La terre rouge, la brûlure du soleil. Elle regrette les jeux des enfants dans la rue, leurs rires stridents, les chants des femmes, les tempêtes et leurs escouades de poussière. Le badigeon des nuages blancs dans un ciel presque indigo…

Une certaine idée de la liberté, même si les militaires…

Un sentiment de bonheur, même si la pauvreté…

L'esprit de famille, même si la mort…

* *

Autour de la table, l'attention est à son comble. Les hommes de Lou n'en reviennent pas qu'elle ait bravé tant de dangers, qu'elle soit allée dans l'antre de Lopes et qu'il lui ait laissé porte ouverte. Certains fulminent des risques pris, d'autres espèrent déjà une intervention rapide en milieu moins inconnu. Le Commandant Trivic, quant à lui, masque ses sentiments. Il attend d'être seul avec Lou pour lui faire part de ses états d'âme. Elle s'en inquiète.

Une heure plus tard, elle se retrouve dans son bureau, c'est à elle d'être attentive.

— Capitaine Grimaud, j'hésite entre l'effarement et l'admiration. Mais je suis, tout de même, extrêmement surpris des risques que vous avez pris. Cela ne vous ressemble pas. Certes vous avez effectué un travail de renseignements exceptionnel, mais est-ce votre rôle ? Je n'ose imaginer ce qui se serait passé s'il avait décidé de vous agresser ou pire…

Alors que Lou s'apprête à répondre, il lui intime le silence en levant sa main droite sans ambiguïté.

— Qu'allons-nous faire désormais ? Qu'avez-vous promis ? Où en êtes-vous Capitaine ?

Lou prend le temps de poser sa voix, son discours aussi.

— Commandant, j'ai tout à fait conscience de la situation. Mais je n'ai rien fait sans en prévenir mon équipe et j'ai toujours eu la conscience aiguë des risques pris. Même si je dois avouer que j'étais très soulagée de sortir de cette… tour. Malgré tout, je dois vous demander une dernière faveur… J'ai besoin d'un autre rendez-vous pour savoir ce que sont devenus Mammana et Benzia, les deux complices supposés du meurtre du jeune pompier. Je n'ai pas eu l'occasion d'évoquer sa mort. Je ne voulais pas le froisser ni qu'il renonce à nos rendez-vous.

Trivic ne répond pas, il range quelques feuillets devant lui. Son silence est un assentiment.

En sortant du bureau, un rien soulagée, Lou ne songe qu'à une chose. Que va lui demander Lopes, en échange de sa visite dans son quartier général… ?

**

La main de Deko va mieux. Il rejoue régulièrement. Les patrons de Saba ont proposé une date pour un petit concert dans leur restaurant, ça lui a redonné un certain goût de vivre. Ils ont quelques semaines pour se préparer. Cela leur fait du bien de replonger dans leur répertoire et travailler leurs nouvelles compositions. Deko tente d'alléger les textes assez sombres de sa sœur, d'atténuer ses outrances, avec des mélodies rythmées ou légères. Rosa donne quelques conseils. Mais préparer un concert les replonge dans leur passé. Ainsi, les souvenirs reviennent par vagues et il n'est pas rare qu'ils finissent leurs répétitions en larmes.

Il n'empêche, ils sont motivés.

Ils essaient d'adapter au mieux leurs heures d'entrée et de sortie. Hors de question de retomber sur les fous furieux qui hantent l'allée, la montée d'escaliers et le sommet. C'est un calvaire quotidien et ce n'est pas une vie.

Les squales rythment leur existence.

Quant à l'obtention du statut de réfugié, cela progresse doucement mais sûrement. Rosa fait beaucoup pour eux. Elle les aide pour les papiers à remplir et pour les pousser à ne pas renoncer face à la lenteur administrative, épuisante et décourageante.

Les semaines à venir seront cruciales.

Un déménagement, un concert, l'obtention des papiers tant désirés.

Enfin le bonheur ?

**

— C'est la dernière fois qu'on se rencontre. Ce n'est plus tenable… ni pour moi, ni pour ma hiérarchie, ni sans doute pour toi.

La voix de Lou est blanche, professionnelle, elle veut en finir même si c'est elle qui a tout déclenché.

— Cependant, poursuit-elle, on a encore quelques trucs à régler… On n'a pas encore parlé de la mort du jeune pompier et…

— Nous y voilà, coupe Lopes, goguenard. Je savais qu'on allait finir là-dessus.

— Oui… je dois savoir pourquoi ? Je ne peux pas comprendre. Un pompier… tout le monde a besoin de ces gens, on les respecte. Ce ne sont pas des flics, ils travaillent pour chacun d'entre nous…

Lopes prend le temps de boire son café. Il cherche ses mots et sourit, une fois de plus.

— Tout le monde sait ce qui se joue quand les pompiers se font caillasser, ou les médecins, ou tout ce qui ne fait pas partie du quartier… C'est une guerre de territoire, on le sait bien mais les médias préfèrent jouer à l'apitoiement, la fibre sensible. Le territoire c'est l'assurance d'une certaine tranquillité pour le commerce, notre commerce. C'est une industrie parallèle que chaque gouvernement dit combattre mais accepte. C'est la paix sociale qu'on achète, les yeux qu'on détourne pour laisser faire un monde qui nourrit des milliers de gens. A deux pas de la tour qu'on a visitée ensemble, il y a une autre tour, sans doute organisée de la même manière. Les mêmes guetteurs, les mêmes enjeux, les mêmes armes. Là, ce sont les Albanais qui règnent. Nos concurrents en quelque sorte. Et les feux allumés, en bas de chez nous, ce sont eux qui les déclenchent. Cela garantit leur tranquillité et leur business. Cela dérange le nôtre. C'est la guerre… Le territoire.

— Et donc, vous tuez un jeune pompier, pour votre business…

— C'est un accident et je n'y suis pour rien…

— On verra… Que sont devenus vos deux potes ?

— Ils sont au Maroc
— A l'abri ? Au frais ?
— On peut dire ça comme ça…

Lou n'avance pas, la discussion s'éternise sur des questions sans réponse, sur des faits qu'elle connaît déjà, sur des révélations qui n'en sont pas. Elle n'a pas à attendre très longtemps avant que Lopes lâche :

— Bon, j'ai rempli ma part du contrat, maintenant c'est à moi de demander ma petite sucrerie…

* *

L'allée est étonnamment vide. Quelle chance ! Les cartons s'empilent rapidement dans le break de Rosa. Deux voyages suffiront. Le nouvel appartement de la Croix-Rousse les rapprochera d'elle, du boulot de Saba et d'une quiétude inespérée.

Le premier voyage, des cartons uniquement, se déroule sans encombre. Dans quoi tient une vie finalement ? Quelques cartons, meubles ou objets. Ces pensées habitent Deko, quand il se gare à nouveau devant la tour. Vingt minutes plus tard, il laisse un appartement vide d'objets et de regrets. Et, alors qu'il a roulé quelques centaines de mètres, il entend un bruit de fusillade, mat et soutenu. Cela semble venir de la tour des Albanais. Au moment de bifurquer sur Lyon, il reconnaît un de ses agresseurs qui court penché, une arme au poing, en direction de la voiture. Dans un réflexe inattendu, il le percute de plein fouet.

Dans son rétroviseur, alors qu'il quitte cet enfer, il voit le corps de l'homme, en travers de la chaussée, inanimé.

**

Chapitre IV

Soirée Rhum...

Les doigts grisâtres d'une aube mauvaise griffent déjà la ville.

Neuf cadavres jonchent le quartier. Vénissieux n'a jamais connu cela. Un règlement de compte qui tourne au massacre. Sept Albanais et deux hommes qui, visiblement, appartiennent au clan d'en face. Celui de Lopes.

Les balles ont déchiqueté les chairs, explosé les os, réduit certains visages en bouillie infâme. Les impacts resteront longtemps présents dans les façades d'immeubles comme dans les esprits des riverains qui ont eu l'impression, pendant une vingtaine de minutes, d'habiter Sarajevo ou Medellin.

Par miracle, aucun habitant n'a été blessé. Mais on ne voit jamais les cicatrices des âmes…

Les gyrophares rythment les façades de leur lueur. Et tous ceux qui observent par leur fenêtre ont le visage alternativement bleu ou sombre.

Dehors, les secours évacuent sans bruit les sacs mortuaires posés sur des civières inutiles. Les policiers, tranquilles pour une fois, déploient leur matériel d'investigation dans un ballet coordonné et précis. Lou supervise les différentes scènes de combats. La rue, les trottoirs, l'allée, la montée d'escalier, le dernier étage transformé en loft sanglant. Un décor tarantinien. Habituée des scènes de crimes, elle n'en a pourtant jamais vu autant. Son regard est vert cèdre.

Avec son équipe, elle restera plus de trois heures sur place.

Une seule victime n'a pas été la proie des balles. Un homme de vingt-huit ans percuté par une voiture introuvable.

Lou vient de comprendre pourquoi Lopes lui a demandé une journée sans surveillance lors de leur dernier entretien.

**

Les rues, étroites et sombres, sont assoiffées de soleil. Les toits se tutoient et les balcons, si proches, semblent s'étreindre. Les pentes de la Croix-Rousse, populaires et chaleureuses, rendent à Deko et Saba, le goût de cohabiter avec des humains bienveillants. Ils n'ont plus de nœud dans le ventre, la musique a repris ses droits. Ils se sentent à nouveau artistes.

Un concert est prévu dans trois semaines. Ils travaillent leurs musiques, les arrangements, les voix. Deko est inspiré, ses compositions transpirent le soulagement et son répertoire somalien n'a pas pris une ride. Saba est prolixe malgré la noirceur de ses textes

Ils disaient l'Eldorado

La Richesse, la Liberté

Ils disaient la vie d'château

Fraternité, Égalité

Mais j'ai compris dès le bateau

Qu'on ne fuit pas sa destinée

J'ai cherché Rousseau, Hugo

Mais si t'es pas du poulailler…

On reste toujours un numéro

L'autre, un étranger

Emmitouflé dans son manteau

Le regard, sur le ciel, rivé.

**

La descente effectuée dans *la tour de Lopes* n'a rien donné. Ils ont trouvé l'étage entièrement vidé. Seuls traînaient quelques cartons éventrés, des fauteuils défoncés, des packs de bières vides, des fils électriques branchés sur rien.

Une main sur son arme, calée sur sa hanche, Lou regarde par la fenêtre. Elle s'est fait posséder. Pensant cheminer vers la vérité et en apprendre un peu sur son monde, c'est Lopes qui s'est joué d'elle. Il ne lui a demandé qu'une journée de répit. Il en a fait un enfer.

En bas, des gosses jouent au foot sur un terrain de fortune. Un peu plus loin, une vieille dame traîne son caddie comme un fardeau. Des ados goguenards se moquent ouvertement d'elle. Plus loin encore, une bande de filles rit bruyamment. Un employé municipal vide une poubelle qui déborde. Les activités sont sexuées…

Le ciel est d'ecchymose, des pigeons hirsutes occupent les rebords des fenêtres, la plupart des stores sont à moitié baissés, comme des yeux mi-clos. Aucune ombre indulgente ne vient alléger son fardeau.

Lou a son regard de louve famélique. *Je n'aimerais pas être à la place de Lopes*, pense Chauveau qui l'admire comme si elle était une statue de la Renaissance.

En rentrant à la brigade, silencieuse, elle regarde par la vitre de la voiture, mais son regard reste fixe. Il traverse les gens, les cloisons, l'espace. Déjà, elle remet la machine en route. Il faut tout reprendre, avoir un œil neuf, rembobiner le fil de l'histoire. Retourner voir Madame Devaquez, la femme du pompier assassiné.

* *

Les « soirées rhum » ont cet effet sur elle. Un moment hors du temps où rien ne compte que l'instant présent, l'amitié, l'humour. C'est Chauveau qui lui a fait rencontrer ses amis, alors qu'ils n'étaient ensemble que depuis quelques mois. Un rituel parfaitement rodé auquel elle a souscrit immédiatement. Six couples, quelques enfants, des invitations à tour de rôle. Aucun flic. Ti-punch, planteur, mojito, une variation sur le même thème. Ce soir, ça tombe bien, le premier verre l'a détendue, au deuxième, l'affaire Lopes s'efface imperceptiblement. Pour quelques heures.

Elle aime observer les convives, un verre à la main, le goût du citron vert en bouche, un imperceptible sourire au coin des lèvres. Les discussions rebondissent aux quatre coins du salon, comme des boules de flipper, vives et aléatoires. La fatigue de fin de semaine s'estompe. Il y a des connivences particulières, des rires sonores, des discrétions pudiques, de la chaleur.

On n'en garde jamais un souvenir très précis si ce n'est la langueur, l'apesanteur.

* *

On ne peut pas parler de foule mais la salle est comble. Le vendredi soir est propice à une assistance joyeuse et détendue. Quand les lumières s'éteignent, le silence a du mal à s'installer. On a un peu bu, les rires des femmes continuent leur envol, les voix des hommes restent sonores. Mais dès les premiers accords, les spectateurs semblent hypnotisés. Le son est pur, aérien. Une cascade de notes invraisemblables, mélange d'influences africaine et occidentale. Un son de piano inédit. L'intro dure une bonne minute, puis la voix de Saba ramène le calme, l'attention est totale. Ses cheveux, comme une rivière d'encre, coulent jusqu'à ses épaules fragiles. Un magnifique collier de perles, torsade de couleurs vives, enveloppe son long cou de cygne gracieux. Les doigts légers et l'âme sombre, elle entame une chanson qui terrasse l'assistance.

Pendant une heure, ils remontent le chemin de leurs créations et de leur migration. Des chansons somaliennes jusqu'à leurs dernières compositions nées sur les marchés italiens, dans le salon de Rosa, dans l'acidité de leur tour.

Le public, debout, réclame un rappel mais ils ont épuisé leur répertoire. Ils chantent alors une reprise de Bob Marley et sortent de scène épuisés et heureux.

Une demi-heure après le concert, ils boivent un verre avec Mary et Alain, les propriétaires du restaurant. Il y a aussi quelques spectateurs noctambules qui leur disent leur enthousiasme. On leur propose deux concerts par mois. Ils sont aux anges.

* *

La vie n'est pas une soirée rhum. Lou a dû replonger immédiatement dans son enquête, en plus de toutes les autres qui surgissent, s'amoncellent, ressortent.

Lopes est, évidemment, introuvable et son territoire vénissian est pour l'instant vide de tout trafic. Les Albanais ont été décimés, il a disparu avec toute son équipe. Cela ne durera pas. En l'absence de téléphones portables, de comptes en banque et d'adresses, tout est bloqué pour l'instant.

Lou a convoqué Madame Devaquez. Puisqu'elle ne peut enquêter, autant fouiller.

Bientôt un an que son mari est décédé, une enveloppe de tristesse encadre toujours sa beauté ahurissante. Elle a coupé ses cheveux et seules des petites perles nacrées à ses oreilles illuminent son tailleur noir corbeau. Lou prend des nouvelles puis la met au courant de l'avancée lente et difficile de l'enquête. Elle réaffirme sa volonté de ne pas renoncer et le regard de jais de son interlocutrice lui montre à quel point elle est attentive. Puis, progressivement, Lou fait appel à ses souvenirs. Elle creuse doucement à la manière d'un archéologue, dépoussiérant au pinceau le moindre souvenir, la plus petite intuition sur la jeunesse de son mari décédé.

Rien de nouveau ne ressort de cet entretien mais Madame Devaquez propose à Lou de passer chez elle pour récupérer un carton empli de l'adolescence de son mari. Elle a fait le tri de ses affaires, de ses souvenirs, de son ancienne vie.

En traversant le vieux Lyon, Lou songe aux cinq cents traboules qui traversent sa ville comme un réseau de synapses invisibles. Elle aime l'idée du mystère et de la cachotterie. Lyon ne s'offre pas, il faut la mériter, prendre le temps de la séduction. Est-ce ainsi qu'elle a charmé Chauveau, sans même s'en rendre compte ? Ils se retrouvent dans un bouchon, à quelques pas de la cathédrale.

Quand elle rentre dans le restaurant, Chauveau se dit qu'elle a l'élégance d'une chanson jazz de Bryan Ferry. Même les choses se taisent quand les parenthèses de ses hanches virevoltent entre les tables.

**

Comme dans ces vieux films où les images tressautent, Saba repense à ses parents. Ils auraient été si fiers de leur concert. Elle n'arrive pas à être tout à fait heureuse. Toujours ce bémol qui ombre sa vie. L'Afrique lui revient comme une gifle. Elle songe à des détails qu'elle pensait enfouis. Ces petits riens qui font le sel de la vie.

L'intonation rauque de son père, sa voix comme un portail rouillé, ses moues d'agacement.

La voussure particulière des épaules de sa mère, entre fatigue et soumission, ses mouvements onctueux.

Les cheveux en broussaille, clairsemés, de son père. Son incroyable port de tête, allant de la majesté à l'indifférence.

La beauté indécise de sa mère, ses yeux couleur de boue, son visage fripé, ridé, origami d'une vie humaine.

L'élégance de son père, sa barbiche taillée avec la précision d'un chirurgien. Ses yeux se plissant de perplexité quand il trouvait ses textes inaboutis.

Le parfum vanille de sa mère, qui la précédait toujours, annonciateur de moments de bienveillance sucrée.

Mais, dès le lendemain, la vie reprend ses droits. Servir à nouveau des clients parfois impatients, attendre encore pour le droit d'asile, joindre les deux bouts. Le prochain concert est dans quinze jours. Elle s'impatiente déjà.

* *

La visite n'a duré que dix minutes. Madame Devaquez devait partir travailler et n'avait, visiblement, pas très envie de discuter. Un carton, assez volumineux, occupe le bureau de Lou. Elle déchire le scotch marron sans grande impatience. Elle a peu d'espoir que le contenu fasse basculer l'enquête.

Il y a là, pêle-mêle, des photos de classe, des bulletins scolaires, quelques trophées sportifs, des lettres, des cartes postales…

Pendant une heure, elle passe tout en détail avec ses yeux absinthe. Rien de marquant. Les cartes postales sont des souvenirs de vacances envoyés à ses parents. Les bulletins scolaires révèlent un élève apparemment brillant mais guère travailleur. Les trophées sportifs montrent ses dons pour la natation. Les photos de classe sont nombreuses et c'est un sentiment curieux d'y voir un Lopes souriant et jeune, omniprésent. Divers objets sans intérêt : un jeu de tarot, quelques cd de hard rock, une boîte de fléchettes, un médiator, un stylo encre en bois, une écharpe de l'OL, un Zippo, des numéros de l'Équipe, une vieille montre, des photos de ses parents, un bracelet en cuir, un vieux roman de Connelly. Des trucs d'ado.

Les hommes de Lou se penchent aussi sur le contenu du carton. Ils ne semblent guère s'attendre à trouver un indice.

En fin de journée, elle trouve l'énergie d'aller faire deux tours de parc. Courir lui donne l'impression de tout remettre à zéro. La fatigue nerveuse et corporelle. Les presque neuf mille arbres du parc de la Tête d'Or lui procurent une sérénité intemporelle. Ils en ont tant vu. Ils étaient là avant elle et le resteront après. Cela permet de relativiser.

**

Deko revit. Trois concerts déjà et le bonheur revient à petits pas. Plaisir de jouer, de composer, d'être appréciés. Il essaie d'entraîner dans son sillon d'optimisme, sa sœur qui a plus de mal à passer à autre chose. Même si : le plaisir des concerts, la joie d'être applaudie, l'existence qui s'adoucit.

La vie à la Croix-Rousse correspond tellement mieux à leur manière de vivre, à leurs origines. Une multitude d'associations disponibles, des habitants plus ouverts, de la musique, des odeurs, des boutiques tiers-mondistes, d'innombrables galeries, des horaires plus lâches, de la bienveillance.

Leur appartement est petit mais il suffit à leur bonheur. Deko travaille désormais dans le quartier, un autre restaurant, toujours la plonge, toujours au noir. Mais sa vie est bien remplie et les concerts améliorent un peu l'ordinaire.

Ils ont obtenu la semaine dernière leur statut de réfugiés. Cela a été l'occasion d'une belle fête avec Rosa, Mary, Alain et quelques musiciens locaux qu'ils commencent à fréquenter.

Ils comptent mettre à profit, immédiatement, leur liberté de mouvement retrouvée pour aller passer deux semaines à

Mogadiscio. Voir la tombe de leurs parents, quelques membres de leur famille restés là-bas et l'Afrique.

Est-ce ce projet de voyage, cette tranquillité retrouvée, la musique qui coule en lui ou le printemps précoce qui l'empêchent de remarquer cette ombre qui le suit depuis quelques jours ? Un homme discret dont le visage est dissimulé par une capuche et une paire de lunettes de soleil.

Saba l'aurait vu. Elle est plus méfiante, sur le qui-vive. Davantage ancrée dans les difficultés du quotidien.

Plus femme, plus proie.

* *

Les comptes rendus qui lui passent sous les yeux chaque jour, les graphiques, les statistiques pourraient la faire déprimer ou lui laisser penser que la France est un pays d'une violence inouïe. Il faut bien toute son expérience et son sang-froid pour ne pas se laisser entraîner dans la spirale de catastrophisme dont certains jouent à longueur d'antennes ou d'élections. Il n'empêche, c'est un fait, les hommes sont violents…

Encore des pompiers caillassés cette nuit, aux abords de Pierre-Bénite. Lou craint que ça ne se termine mal. Le jour où ils décideront de se défendre ou de ne plus intervenir. C'est aussi une piqûre de rappel. L'homme qui a tué Patrick Devaquez est toujours en liberté. Combien de fois a-t-elle relu le dossier ou passé en revue le contenu du carton donné par sa femme ?

Le commissaire principal Genesio l'a convoquée. Ils ne s'apprécient pas mais doivent se supporter. Lou sait maintenant qu'il est dans son rôle quand il secoue ses équipes, même si elle est persuadée qu'il existe d'autres moyens que l'invective et la provocation. Elle a pris du cuir, les salves de son supérieur glissent sur elle comme une pluie mauvaise sur un double vitrage. Elle voit, elle entend, mais ça ne l'atteint pas.

En attendant Chauveau, un verre de vin à la main, elle écoute ses musiques fétiches. Celles qui la remuent. *This woman's work*, de Kate Bush, *Unintended* de Muse, *Thanke U* d'Alanis Morissette, *Magic* de Coldplay, *Gold Shadow* d'Asaf Avidan, *Walk away* de Ben Harper... Elle peut se permettre de plonger un peu puisque les mains de Chauveau vont la faire planer tout à l'heure.

* *

Quand les roues raclent le tarmac bosselé de la piste, Saba et Deko se donnent la main. Elle a les larmes aux yeux. Les six mille kilomètres ont été parcourus si vite cette fois-ci...

Mogadiscio est une des villes les plus instables au monde. Les militaires, kalachnikov en mains, sont partout. Les Somaliens déambulent, indifférents. Ils sont devenus fatalistes et étrangement calmes. Puisqu'un attentat est toujours possible, autant vivre...

Le chauffeur de taxi est si bavard qu'ils retrouvent le sourire rapidement. La maison n'a pas bougé. Elle est restée fermée depuis bientôt dix-huit mois. Quelques oncles, tantes et cousins leur réservent un accueil chaleureux qui les empêche de replonger trop rapidement dans la nostalgie. La nuit est longue et se termine doucement entre souvenirs, anecdotes et palabres.

Saba s'est endormie et Deko, alors que l'aube commence à pavoiser, s'assoit devant la maison, sur le petit canapé en rotin que ses parents occupaient chaque soir. Il reste comme au seuil de lui-même. Cette ville ne l'émeut plus. Son attachement est mort le soir de l'attentat, alors que la nuit somalienne détruisait sa famille et ses illusions.

Pour Saba, c'est différent. Elle semble chercher ses parents à chaque coin de la maison. Elle n'a pas réussi, encore, à apprivoiser sa peine.

Pendant la soirée, on leur a demandé de rejouer les morceaux que toute la famille connaît, mais ils ont refusé poliment, malgré l'insistance. Trop de poids sur les touches, trop d'ombres dans les mots.

Le lendemain, ils se rendent sur la tombe de leurs parents. Seuls.

Une dalle blanche, deux noms et prénoms, deux dates. Raccourcis insupportables de deux existences inabouties. Alors c'est ça une vie ?

Rien sur les qualités ou les défauts.

Rien sur leurs parcours, leurs aspirations.

Rien sur leurs réussites, leurs échecs.

Rien sur leurs rêves, leurs déceptions.

Rien sur l'amour, rien sur la vie.

Rien sur leurs secrets, leurs désirs.

Rien sur leurs habitudes, leurs goûts.

Rien sur leurs amis, leurs enfants.

Rien sur leurs voix, la couleur de leurs yeux.

**

La soirée rhum bat son plein. Les mots sont mentholés, les rires cannelles, les voix caramélisées.

Lou, comme à son habitude, regarde chacun avec toute l'attention que lui autorise encore le rhum qui coule dans ses veines doucement, insidieusement. Ce groupe existe depuis de nombreuses années. Elle s'interroge. Qu'est-ce qui pourrait faire entrer la discorde ? L'argent ? La jalousie ? Le ressentiment ? La lassitude ? Tous ne sont pas impliqués de la même manière mais, finalement, seul compte l'instant présent. Son esprit dérive doucement, elle revoit mentalement les photos de classe de Devaquez et Lopes, ce trio qu'ils formaient visiblement avec un autre garçon… Et si… si la clé de leur rupture se trouvait là ?

Demain, elle vérifiera. Cette idée l'obsède, elle reste quasi muette jusqu'à la fin de la soirée. Tous mettront cela sur le compte de la fatigue.

Dès le lendemain, à la première heure, elle vide le carton souvenirs de Devaquez et cherche fébrilement les photos de classe. Effectivement, on retrouve bien chaque année, du CM1 à la troisième, un trio d'inséparables copains, sauf la dernière année commune. L'inconnu a disparu. Il faut le retrouver. Elle met Ravier sur le coup. Pour ce genre de recherches, c'est le meilleur.

**

Toutes les personnes qu'ils rencontrent les interrogent sur la France. Les questions fusent, multiples et diverses.

— Alors ils sont tous riches là-bas ?
— La plupart, répond Deko.
— Loin de là, dit Saba.
— C'est beau la France ?
— Il y a beaucoup de belles choses, répond Deko.
— Dans les beaux quartiers, oui, dit Saba.
— On peut acheter tout ce qu'on veut ?
— On trouve tout, partout, répond Deko.
— Pour les riches, oui, dit Saba.

Et ainsi de suite pendant des heures, jusqu'à l'ultime question, toujours la même.

— Et votre musique, ils l'aiment ?
— Oui, répond Deko.
— Oui, dit Saba, en souriant enfin.

Ces deux semaines passent comme un vol de pies-grièches. Ils ont attendu la veille du départ pour retourner au Jardin de la Paix, là où leur vie précédente s'est achevée, là où la nouvelle a germé. Rien ne marque l'événement, ni stèle, ni gerbe de fleurs. Rien. Ici les attentats sont trop nombreux pour commémorer une date quelconque. Les morts succèdent aux victimes et les vies sont noyées dans le chaos qui règne dans ce pays.

Personne ne fait attention à eux. La place est animée, les enfants courent, les femmes discutent, les hommes rient. La vie a repris son cours. Deko surveille Saba du coin de l'œil. Elle doit être déçue.

Ici, ils n'existent plus.

Pendant ce séjour, elle a beaucoup griffonné dans son carnet. Il espère de beaux textes. Il craint leur noirceur.

Ce voyage est une rature

Un rêve froissé

Une morsure

Une fenêtre désespérée.

J'ai le cœur sur le départ

Fin de chapitre

Écharde noire

Des larmes par litres.

Leur retour, comme un soulagement, s'effectue sans mot. Ils vivent le drame des déracinés. Plus à leurs places, pas à leurs places. Chacun dans leurs pensées, ils s'accrochent à leurs petits bonheurs à venir : Rosa, la musique, Lyon.

* *

— Il s'appelle Antoine Dubois. Il est décédé à l'âge de seize ans, alors qu'il était en seconde dans la même classe que Devaquez et Lopes.

Ravier sait capter l'attention. Parfois à la limite de l'agacement. Sentant l'impatience, il poursuit.

— On l'a retrouvé inanimé, une overdose du samedi soir.

Tout en poursuivant, Ravier distribue des photocopies contenant les dates, les constatations, le compte rendu de l'autopsie, quelques photos, la liste des profs de l'époque, un article du Progrès. On l'écoute en parcourant les feuilles, rapidement. Habitude d'aller à l'essentiel. Les détails on les tamisera plus tard.

— Très vite, on a su qu'il était avec deux autres garçons ce soir-là. Lopes et Devaquez, vous l'aviez deviné. Ils n'ont pas mis beaucoup de temps à se tirer dans les pattes et Devaquez a dénoncé Lopes comme étant celui qui avait fourni la dope. On l'a changé de lycée, Lopes s'est retrouvé en centre fermé pour délinquants mineurs, à Saint-Genis-Les-Ollières. De quoi nourrir des ressentiments…

Les regards se tournent vers Lou. Elle avait raison, une fois de plus. Chauveau sourit discrètement. S'ils savaient que son inspiration est née d'une soirée rhum. A chacun ses drogues… Elle lit cela dans son regard. Ses yeux sont citron vert.

Trois coups de fil, quelques clics, Lou a rendez-vous le lendemain matin chez Monsieur Terrier, le proviseur de l'époque, aujourd'hui à la retraite.

**

A peine arrivés chez eux, Deko et Saba retrouvent la tension à laquelle ils pensaient avoir échappé. La porte de leur appartement a été fracassée, l'appartement est en vrac. Apparemment rien n'a été volé, mais, au-dessus de leur canapé, sur le mur blanc, est écrit en grandes lettres, au feutre rouge sang :

« Je t'ai retrouvé ! T'es mort ! »

Deko s'assoit sur sa valise et se prend la tête dans les mains. Il a compris. C'était trop beau, ça ne pouvait pas durer. On l'a retrouvé. Il repense à ce mec qu'il a laissé inanimé en pleine rue alors qu'il quittait Vénissieux. Il va devoir expliquer ça à Saba. Il va devoir se protéger. Déménager encore ?

Après une heure de discussion et de désespoir, Saba réagit bien. Elle comprend son geste même si la violence la révulse. Elle veut en parler à Rosa. C'est leur point d'ancrage, leur référence. Peut-être leur conseillera-t-elle de porter plainte puisque désormais ils ont des papiers ?

Ils passent la soirée chez elle, qui n'en revient pas de cet acharnement du destin. Après réflexion, elle paie les frais pour sécuriser leur porte et décide qu'il vaut mieux taire l'effraction. Comment justifier la mort d'un homme écrasé volontairement ?

Pendant une semaine, ils dorment à nouveau chez Rosa, puis, le calme semblant être revenu, ils regagnent leur appartement et reprennent leur vie d'avant. La méfiance en plus.

* *

Monsieur Terrier accueille Lou et Violeau, très aimablement. Il a environ soixante-dix ans et ne semble pas du tout marqué par l'âge. Ses cheveux blancs, en bataille, lui donnent un air d'adolescent âgé. Son intérieur est une caricature de vieil enseignant. Livres d'arts dans la bibliothèque, Télérama sur la table basse, romans éparpillés, affiches d'expositions, fauteuils en cuir élimé.

— Je me souviens très bien du décès du jeune Dubois. La mort d'un élève est, heureusement, quelque chose qu'on rencontre très rarement dans une carrière en milieu scolaire. J'ai connu un autre cas, un accident de moto.

— Vous souvenez-vous du trio qu'il formait avec deux autres garçons de son âge ? demande Lou, qui prend le soin de ne nommer personne.

— Lopes, Devaquez et Dubois ! Ils nous en ont fait voir ces trois-là ! dit-il dans un demi-sourire, mi-nostalgique, mi-attristé. Ils étaient inséparables, assez sympathiques mais épuisants. Cet évènement a fait exploser leur trio infernal. Lopes est parti en internat, Devaquez a dû changer d'établissement. Le pauvre, j'étais à son enterrement il y a quelques mois… un drame. Quant à Lopes, je crois qu'il a mal tourné… Ces trois destins sont, finalement, bien dramatiques.

— Pensez-vous que Lopes ait gardé une haine tenace à l'encontre de Devaquez ? ose Violeau.

— Cela ne fait aucun doute. Il a fallu les séparer physiquement d'abord, puis géographiquement, pour que cela ne fasse pas un drame supplémentaire. A l'époque, la justice a très bien compris cela.

Bien sûr, Lou ne dit pas un mot du probable acte criminel de Lopes sur le jeune pompier. Elle pose encore quelques questions de détails qui la confortent dans l'idée que Lopes a tué sciemment son ancien camarade de lycée.

En rentrant à la brigade, Violeau tombe d'accord avec sa supérieure sur le fait qu'ils pourront assez facilement, cette fois, inculper Lopes pour meurtre.

Reste à mettre la main dessus.

**

Rosa essaie de distraire un peu ses amis. Ils se retrouvent dans un bar quartier Saint-Jean. Un groupe de jazz, assez virtuose, donne à la soirée des airs *cool attitude*. Ils descendent quelques bières et les sourires reviennent progressivement. Bien évidemment, Deko ne peut résister à l'appel d'un clavier et il réussit à se faire inviter sur scène pour quelques morceaux improvisés. Rosa pousse Saba à le rejoindre. Il ne leur faut que deux ou trois morceaux pour mettre le feu à l'assemblée. Rosa hoche la tête en rythme, pleine d'assentiment et de fierté. Ils sont vraiment bons.

En fin de soirée, le patron du bar leur propose de revenir tous les vendredis soir. Ils ont désormais deux scènes ouvertes à Lyon.

Deko s'interroge. Où sont passés les hommes qui ont forcé sa porte ? Cela ne peut s'arrêter là. Mettre sa sœur en danger lui est insupportable. Il cherche une solution. Et s'il retournait à Vénissieux ? Peut-être que s'expliquer avec eux, arrangerait les choses ? Il pourrait leur rendre des services jusqu'à payer *sa dette*… Il est perdu et essaie de masquer son inquiétude en se penchant sur son clavier.

* *

La rue Juiverie, dans le Vieux Lyon, émeut toujours Lou. Entièrement pavée et légèrement tortueuse, elle lui donne l'impression de voyager dans le temps. On pourrait imaginer sortir de l'hôtel Paterin, des hommes en capes, des femmes en velours, damas ou soies écrues.

Les fenêtres à meneaux, les portes ornées de blasons ou sculptures, les galeries, les tours, les puits, les allées soutenues de croisées d'ogives la transportent dans une autre époque, sûrement plus violente et agitée, mais autre.

La main de Chauveau, bien calée dans la sienne, est chaude et douce. Elle repense à la nuit dernière. Comment peut-il lui donner autant de plaisir…

D'un bar, flotte un jazz mélodique, une voix de femme magnifique, un piano virtuose. Il est tard, ils se lèvent tôt demain. Une prochaine fois…

Lopes est introuvable. Son équipe a disparu de sa zone de deal à Vénissieux. Il n'y a plus d'albanais. Le quartier est calme. Pour combien de temps ? Nul doute que les affaires ont repris ailleurs, avec d'autres acteurs.

Il est si difficile de disparaître.

Lou sait très bien qu'il réapparaîtra un jour, mais quand ?

En attendant, elle met à jour les années collège du fameux trio : Lopes, Dubois, Devaquez. Elle blinde le dossier afin qu'il ne laisse aucun espoir aux avocats du deal. Elle surveille chaque jour les comptes rendus des arrestations sur Lyon, la région, aux frontières.

* *

Deko marche dans la rue, la nuit n'est pas si sombre. Il va chercher Saba, elle finit tard, ça la rassure. Au moment où il entame les premières marches qui mènent rue Burdeau, deux balles le perforent. Il s'écroule, inconscient. Un couple de passants se précipite et l'allonge correctement. L'homme compresse les plaies, apparemment proches, à l'épaule et au bras. La femme appelle les pompiers.

A demi-conscient, Deko vient de comprendre.

C'est la fin... on ne le lâchera jamais-pourvu que Saba s'en sorte... il aimait tant le piano... ses parents vont l'accueillir... et cette France qu'il commençait à apprivoiser...

Rapidement, il est pris en charge et emmené à l'hôpital de la Croix-Rousse. On l'opère dans la nuit. La première balle a traversé le haut de l'épaule, dans le gras du muscle. La deuxième a fracturé l'humérus dans sa partie supérieure. On prévoit une immobilisation du bras droit de huit à dix semaines.

Dès le lendemain, en milieu de matinée, deux policiers viennent l'interroger. Une femme, Capitaine à la PJ. Calme, attentive, très belle. Des yeux verts qui vous traversent et vous mettent à jour. Un homme, du même âge. Ténébreux, concentré, bienveillant.

* *

Une fusillade en plein Lyon. Ce n'est, tout de même, pas si courant. Même si le monde de la nuit possède des secrets souvent tus.

Lou et Chauveau ont interrogé un homme d'origine somalienne, fraîchement admis comme réfugié. On lui a tiré dessus à deux reprises. Il s'en est sorti miraculeusement. Et tout s'est accéléré. Une caméra de surveillance a partiellement filmé la scène et Lou et son équipe, n'en ont pas cru leurs yeux quand ils ont reconnu Lopes, malgré l'obscurité, malgré son éternelle capuche. Les recherches sur la victime, effectuées par Ravier, ont confirmé que c'était certainement Lopes le tireur. Deko Traoré habitait précédemment dans la tour que Lou a visitée. Au troisième étage...

Lou n'en revient pas. Quel rapport entre ce jeune somalien sans antécédent judiciaire et Lopes ? Pourquoi lui a-t-on tiré dessus ?

Où Lopes se terre-t-il depuis toutes ces semaines ? Quel est l'enjeu de cette fusillade ? Pourquoi avoir pris un tel risque ?

Deko Traoré a une sœur, Saba. On l'a convoquée pour le lendemain matin.

Quand elle arrive, on la sent apeurée. Lou essaie de la rassurer en lui disant qu'elle n'est là qu'en tant que sœur de la victime, mais ses yeux d'animal traqué révèlent une immense souffrance vécue.

Et puis, en quelques secondes, elle réalise qu'elle a déjà croisé cette magnifique femme africaine. Elle avait déjà ce regard désemparé, au bord du désespoir, le jour où elle a visité la tour. C'est donc bien ça. Ils habitaient le même immeuble.

Après quelques échanges pour la rassurer et connaître un peu son parcours depuis la Somalie. Lou, touchée par cette dramatique destinée, entre dans le vif du sujet. Elle préfère l'interroger seule pour ne pas l'effaroucher davantage. Le reste du groupe écoute l'échange, dans une pièce contiguë.

— Avez-vous une explication à propos de ces deux balles qui ont blessé votre frère ?

Saba joue franc-jeu, elle ne sait pas faire autrement.

— Oui…
— Je vous écoute.
— Avant de vivre sur les pentes, mon frère et moi avons vécu à Vénissieux et…

Saba déroule son passé récent mais Lou ne lui dit pas qu'elle connaît déjà presque tout. Ce qui l'intéresse, c'est le mobile et retrouver la piste de Lopes. L'enfer qu'ils ont vécu avec ce voisinage, elle le devine parfaitement.

Le plus difficile pour Saba est de dire la vérité sur les responsabilités de son frère. Elle tente de minimiser.

— … et c'est en quittant les lieux, lors du dernier voyage du déménagement, que l'homme l'a reconnu et qu'il a tenté de lui faire barrage. Mon frère, en voulant fuir et l'éviter, l'a accroché.

Il a dû y avoir des témoins, songe Lou, puisque Lopes a su les circonstances de la mort de son comparse et qu'il a pu ainsi identifier Deko Traore.

* *

Saba est assise au pied du lit de son frère. Il est calme, bandé, soigné, en sécurité. Le bal des anges en blanc est rassurant.

Elle lui raconte son interrogatoire et tente de le rassurer. On recherche le tireur, les flics ont l'air bienveillants.

Il est faible et somnole. En fin de journée, elle rentre pour aller travailler.

Ce soir-là, vers minuit, il pleut sur Lyon.

Saba marche dans les rues mouillées. Elle aime cette pluie qui lave la ville. Demain, elle sera comme propre, une nouvelle peau. A Mogadiscio, elle ne connaît pas cela. La poussière et les crasses citadines s'accumulent comme une seconde peau qui masque la vraie nature des lieux. Et si c'était la grande différence entre l'Afrique et le reste du monde ? Un passé jamais gommé ni remis à neuf. Une histoire qui marque les gens, comme s'ils ne pouvaient sortir de leur destin ou de leur malheur passé. Un fatalisme ancré, sans espoir de renouveau.

Ce soir, elle est seule sur scène. C'est la première fois. Mais une confiance nouvelle l'habite. Elle n'a pas le choix, elle doit le faire. En attendant Deko. Pour lui.

Quand elle monte sur les planches, le brouhaha cesse immédiatement. Est-ce sa démarche chaloupée, ses dreadlocks qui enveloppent ses épaules dans un discret cliquetis de perles ou la manière dont elle pose sa guitare sur son ventre plat ?

Sa voix à peine rauque et ses arpèges de guitare médusent le public. Pendant une heure, elle ne concède rien, enchaînant les chansons sans temps mort.

Elle termine son set par une nouvelle chanson dont Deko avait trouvé la mélodie juste avant la fusillade.

Je joue ce soir, je vous souris

Je suis de France, de Somalie

Je me dis que j'ai de la chance

Je suis de Somalie, de France

Parfois je me sens chez moi, ici

Je suis de France, de Somalie

Je jouis de vos abondances

Je suis de Somalie, de France

Parfois je ne sais plus qui je suis

Je suis de France de Somalie

Je pleure souvent mon ascendance

Je suis de Somalie, de France

On n'est pas Clyde et Bonnie

Je suis de France, de Somalie

Je joue ce soir, je vous souris

Je suis de France, de Somalie.

**

— L'homme écrasé par Deko Traoré s'appelle Youssouf Koné. Il a, grosso modo, le même CV que ses comparses. Deal, violences, trois incarcérations, gardes à vue innombrables. C'est la seule victime qui n'est pas morte sous les balles.

— Une sorte de dommage collatéral, ironise Violeau.

— On peut dire ça, reprend Ravier. La scène n'a pas été filmée et les gars sur le terrain n'ont, évidemment, trouvé aucun témoin visuel.

— Lopes est sûrement plus convaincant que nous, enchaîne Chauveau.

— En tout cas, ce devait être un proche de Lopes pour que celui-ci tienne absolument à prendre tant de risques pour se venger murmure Lou.

— Ils ont été mêlés à de nombreuses affaires similaires, confirme Ravier.

— Ce Deko Traoré, il n'a quand même pas eu de bol, déplore Violeau. Il connaît l'enfer pour venir de Somalie et quand, enfin, il trouve un logement en France, c'est pour se retrouver dans la même tour que Lopes.

Dans le silence qui suit, chacun essaie de s'imaginer l'ampleur de la dérive de Deko et sa sœur, de l'ouest de l'Afrique jusqu'à Vénissieux.

— Que fait-on pour elle ? demande Chauveau.

Lou reste silencieuse quelques secondes.

— On va mettre une surveillance devant leur appartement et à l'hôpital. Lopes n'est pas homme à renoncer. Au fait, j'ai pris rendez-vous avec le Commandant Olmeta, des stups. C'est lui qui supervise le quartier à Vénissieux. On ne sait jamais…

* *

Saba n'en revient pas. Son concert a enthousiasmé. Elle joue désormais deux fois par semaine avec un petit contrat à la clé. Les propriétaires du restaurant où elle travaille ne l'embauchent plus que pour chanter. Celui du pub aussi.

Elle vit de son art.

Elle a dû retravailler chaque morceau avec un accompagnement de guitare. Deko, rentré chez lui, l'a aidée. Il va mieux. Il ne joue du piano que de la main gauche, la main faible des pianistes. Saba essaie de lui dire de prendre ça comme une chance. Il n'en sourit pas encore mais acquiesce.

Rosa vient le voir souvent. Son expérience de professeur de musique et de musicienne amateure est une aide précieuse. Elle a une vision d'ensemble de la composition ou des arrangements. Deko a été surpris et a même retrouvé le sourire quand elle lui a parlé du pianiste Paul Wittgenstein qui a perdu son bras droit pendant la première guerre mondiale et qui a voulu continuer sa carrière en se concentrant sur certaines œuvres de Prokofiev, Richard Strauss, Ravel, composées pour la main gauche, dont le fameux *concerto pour la main gauche.*

Chaque jour, Rosa prend le temps d'apporter au policier en faction en bas de chez eux, un café, un verre d'eau, une part de gâteau. Elle n'en revient pas qu'on mette ainsi, à leur disposition, une personne pour les protéger.

* *

Le Commandant Olmeta a une gueule étroite et rectiligne de meurtrière médiévale. Sa voix, comme une flambée de napalm, conte les vérités de la rue, la brutalité de son quotidien. Il n'est pas là pour faire des ronds de jambe. La légèreté l'a quitté depuis longtemps. Il n'est pas désagréable, juste efficace dans ses raisonnements. Lou l'a déjà croisé deux ou trois fois, cela lui laisse toujours un souvenir durable, comme une odeur de brûlé.

— Bien sûr, tout le monde connaît Lopes et ses sbires. L'accrochage avec les Albanais a donné un bon coup de balai. On ne peut que s'en réjouir. Tant qu'ils se tuent entre eux…

— Youssouf Koné, ça vous dit quelque chose ?

— Ah Koné… oui, c'est un fidèle, une sorte de garde du corps. Je crois que Lopes pouvait lui demander ce qu'il voulait.

— Pas étonnant qu'il cherche à le venger alors…

— Lopes ne lâchera rien. C'est un teigneux, rancunier. Le problème...

— Oui ?

— C'est qu'il est redoutablement intelligent et manipulateur.

— Oui, j'ai pu m'en rendre compte...

— Il y a trop d'enjeux pour qu'il renonce.

— Qu'est-ce que vous voulez dire ?

— D'abord il y a un genre de code d'honneur, propre aux malfrats en général, on ne doit jamais céder un pouce de terrain. Se venger pour maintenir son autorité. Et puis, le trafic de cannabis, sous forme de résine ou d'herbe, est trop lucratif pour qu'on passe l'éponge. Un chiffre d'affaires de près de quatre milliards d'euros par an. Une consommation qui tourne autour de six cents tonnes.

— Oui ça peut faire des dégâts.

— L'année dernière il y a eu plus de cent victimes en règlement de comptes. Cela fait un peu de ménage mais trop de désordre.

— Avez-vous une idée de ses planques ?

Olmeta sourit amèrement.

— Lopes a plus de moyens que nous. Son réseau et ses fonds sont illimités. Il faut rester vigilant, continuer le travail de fourmi. Son point faible c'est sa vanité, et sa sensation d'être intouchable. Il tombera à cause de ça. Et puis... les Albanais n'ont pas dit leur dernier mot...

**

Chapitre V

Rimer les bonheurs...

Lou est sombre. Les affaires en cours sont glauques. Chauveau est en déplacement pour la semaine, un coup de main à donner sur une vieille affaire qui a dérivé vers la région parisienne. Ambre est à Séville pour son année universitaire. Lopes est introuvable.

Assise dans son vieux fauteuil Club, elle écoute ses titres qui la rendent Bleue… *Have a little faith in me* de John Hiatt, *Things behind the sun* de Nick Drake, *Pure imagination* de Jamie Cullum, *Better days* de Graham Nash…

Son regard est vert forêt.

Le quart de citron vert qui flotte sur le cercle de ti-punch l'emmène dans les contrées qu'elle fuit le plus souvent. Elle pense à son père décédé, son socle. Elle pense à Madame Devaquez, beauté triste et dérivante. Elle songe au corps de Chauveau, tiède et rassurant. Il lui manque à crever…

Les ombres gagnent peu à peu son salon. Fantômes crépusculaires et silencieux. Le piano mélancolique de Keith Jarrett sur *One day i'll fly away* la submerge. Elle s'endort.

Le soleil de l'aube la réveille dans une position inconfortable. Mais ça va mieux. Ses blues sont profonds mais intenses. Et Chauveau rentre dans deux jours…

La journée passe mollement, pour une fois. Entre paperasseries et interrogatoires ennuyeux. On n'a pas tous les jours Lopes face à soi… Les petites frappes lyonnaises sont rarement candidates à un prix Nobel…

Mais en fin de journée, comme souvent, un appel réveille tout le monde. Il y a un cadavre sous la Passerelle du Collège.

* *

Saba travaille sa voix, son jeu de guitare, ses textes.

Deko travaille ses compositions, sa main gauche.

Leur répertoire s'étoffe. Ils se sentent en sécurité, temporairement.

Mais ils gardent en eux une méfiance sourde. Deko a tué un homme. Apparemment, personne d'autre que les hommes de la tour ne le sait. Les flics les voient comme des victimes, uniquement.

La femme flic est revenue les voir pour les interroger et s'assurer de leur sécurité. Elle semble s'intéresser aussi à leur musique. Elle les a entendus chanter alors qu'elle attendait à la porte. Elle est aussi sensible que déterminée. Saba perçoit une faille en elle. Elle ne saurait l'expliquer, mais elle sait voir cela.

Deko est venue voir sa sœur chanter seule. Il a été bouleversé et est resté longtemps assis à sa table alors que le pub se vidait. Les larmes aux yeux, une boule de fierté dans le ventre. Il n'osait la regarder alors qu'elle le rejoignait. Trop d'émotions, de stress, de frustration de ne pouvoir jouer et d'espoir.

Ils ont du temps à consacrer à la musique et à leurs souvenirs. Deko est convalescent, Saba est artiste à plein temps. Ils parlent beaucoup de leur enfance et de leurs parents. Si les larmes sont moins systématiques, leurs racines intérieures poussent jusqu'à la fleur de leur peau.

Chagrins

Intempéries intérieures

Nuages

Noirceur de l'âme

Pluies

Rivières lacrymales

* *

Le corps repose sur l'enchevêtrement de bois flotté et de broussailles qui s'amoncellent toujours sur le deuxième pied de la Passerelle du Collège. Poussés par les alluvions, les fagots de brindilles forment comme un nid mal dégrossi qu'un oiseau malhabile aurait construit à la hâte.

Le cadavre, blanc comme un linge, semble allongé sur le dos comme s'il prenait un bain de soleil. D'infimes griffures strient la peau laiteuse. Lou, à bord de la vedette de la police fluviale, observe. Déjà la scientifique opère. Seuls deux hommes peuvent se tenir sur l'amas sylvestre. Il ne lui faut que peu de temps pour savoir l'origine de l'homme mort. L'immense tatouage d'aigle, recouvrant entièrement le dos, est une signature. C'est un albanais. Le règlement de comptes continue. Pour les détails, l'autopsie parlera…

Une heure plus tard, tout le monde est réuni.

— Artan Frau, trente-deux ans. Une balle dans la nuque, exécution sommaire. C'est le Boss des Albanais. Lopes est parvenu à ses fins. Tous les hommes connus du clan ont été tués. Désormais il a le champ libre, conclut Ravier.

— Sauf qu'il a quitté Vénissieux, poursuit Violeau.

— Pour l'instant, ça ne va pas durer, murmure Chauveau.

Lou est silencieuse, pensive.

— Que dit Olmeta ? demande Violeau.

— Ils sont en place, ils guettent. S'il se passe quelque chose à Vénissieux, on le saura immédiatement, poursuit Ravier.

Lou se lève, elle fait les cent pas, le regard rivé au sol. Louve engrillagée dans ses pensées.

— Et nos musiciens, ils vont comment ? demande Ravier.

— RAS, ils sont bien gardés et complètement en dehors de cette histoire, je pense, dit Violeau. Des artistes…

Lou se dirige vers la porte, marque un temps d'arrêt et se tourne vers son groupe.

— Je vais faire un tour, j'ai besoin de réfléchir. Je reviens dans une heure.

Elle ferme la porte dans un discret cliquetis et laisse, derrière elle, son équipe muette, pensive.

* *

Deko passe son temps à créer des mélodies et des arrangements, à aller chez le kiné et à bouillir d'impatience. Il a commencé à rejouer des deux mains mais son épaule lui fait encore trop mal pour être, si ce n'est fluide, audible.

Mais le plaisir de poser, à nouveau, ses dix doigts sur les touches noires et blanches le fait sourire. Il sort peu, apeuré encore, malgré la surveillance policière. Il attend, mais il ne sait pas trop quoi…

Saba noircit ses carnets, rature, reprend. Elle sait que l'écriture est affaire de pénitence et de labeur. Écrire dix phrases pour n'en garder qu'une. Relire cent fois pour être à peu près satisfaite. Y penser nuit et jour. Guetter dans le regard de l'autre, l'assentiment. Écouter les conseils, les suivre rarement. Accepter les critiques, l'indifférence, le silence. Cultiver ses défauts pour en faire son style.

Curieux, ce rapport qui est en train de s'établir entre eux et les flics qui tournent pour assurer leur sécurité. Ils les fuyaient jusque-là, symbole d'arrestation, de répression ou de retour au pays. Et là, ce sont leurs anges gardiens. Ils partagent des cafés et échangent leur quotidien.

Et puis, doucement, comme un enfant apprend à marcher, Deko trouve son équilibre, sa façon de poser son épaule pour qu'elle suive les tempos, les harmonies, les accords, les improvisations, les échappées.

Ils retrouvent le plaisir de jouer ensemble. Par instants, courts au début puis plus longuement. Leur appétit est grand et les flics de factions en sourient, hochant parfois la tête comme des pigeons hirsutes.

**

Lou gare sa voiture, à peu près au même endroit que la fois précédente, à trois minutes de la tour. Elle a besoin de revoir les lieux, sentir l'odeur de la proie, s'en inspirer.

Rien n'a changé. Les mêmes façades indigestes, les gens, comme partout ailleurs, un peu plus voûtés, gris, résignés.

Au pied de la tour, il n'y a personne. Au moins, les habitants des premiers étages ont retrouvé une certaine tranquillité. Lou lève les yeux et regarde le sommet de chaque immeuble. Où se terre-t-il ? Elle est persuadée qu'il est tout près. Peut-être même l'observe-t-il ? Au moins, il saura qu'elle ne le lâche pas. Pas d'un pouce.

Elle déambule encore un peu. Ici, la vie est rude pour ceux qui essayent de s'en sortir honnêtement. Résister à la tentation de l'argent facile, éduquer ses enfants avec des valeurs qui ne transpirent pas à chaque coin de rue. Le bonheur vit en coulisse.

Le ciel vire à l'indigo profond des hématomes. Lou rentre, dépitée.

Il y a encore eu une attaque lors d'une intervention des pompiers à la Duchère. Chauveau lit l'article du Progrès qui relate l'incident. Lou lit par-dessus son épaule. Son parfum flotte jusqu'à ses narines. Il reste immobile pour jouir de l'instant.

Il est des moments où il suffit de rester immobile et ne rien dire. Juste respirer et voir…

Mais il sait aussi que ces moments sont aussi fugaces qu'aléatoires.

Les deux portables vibrent à l'unisson. Olmetta a repéré Lopes…

**

Deko est heureux. Il a pu rejouer avec sa sœur. Un concert dans leur pub habituel. Un spectateur averti leur propose une date dans un lieu plus important. La partie bar du Transbordeur, en avant-première d'un groupe de rock. Six cents places… Ils ont un mois pour se préparer.

* *

Une dizaine de véhicules stationne à deux rues de la nouvelle tour de Lopes. Les hommes d'Olmeta ont fourni de nombreux détails : adresse, plan de l'immeuble, nombre approximatif d'hommes. Une vingtaine de policiers de la BRI s'équipent lourdement : armes de poing, pistolets-mitrailleurs, fusils d'assaut, taser, grenades diverses, béliers, boucliers. La brigade de Lou va suivre cette armée. Il va falloir atteindre le dernier étage et franchir l'escalier, véritable goulot d'étranglement. On a placé des tireurs sur l'immeuble en face. Ils sont déjà en place. Tapis dans l'ombre. On attend six heures du matin.

Comme tous les grands mythomanes, Lopes a repris ses activités en toute impunité, suivant ses propres lois. C'est ce qui fait la force de ce genre d'homme. C'est ce qui cause leur perte le plus souvent.

A six heures, une file indienne silencieuse serpente jusqu'à l'entrée de l'immeuble. La porte d'allée est libre mais, à peine les premiers hommes atteignent-ils les marches d'escalier, que des sifflements se font entendre et les premières balles fusent, tirs hasardeux, au pistolet apparemment. Regroupement dans le hall.

Le Commandant et Lou se consultent. Ils ont plusieurs scénarios. Aucun n'est facile. Deux minutes plus tard, ils décident de sortir l'artillerie lourde. Ils sont là et, même attendus, ils doivent intervenir.

Alors, c'est une véritable guérilla qui s'engage. Les policiers franchissent les étages progressivement, essuyant des tirs d'armes automatiques. L'ascension est lente et, alors qu'ils pensent avoir fait le plus dur, ils subissent un véritable feu d'enfer. L'artillerie des hommes de Lopes a été sous-estimée. On leur tire dessus à l'arme lourde, à l'arme de guerre : kalachnikov, fusils à pompe, grenades.

Ils ne peuvent que battre en retraite, emmenant de nombreux blessés.

On a établi un QG, à une rue de là. Des renforts sont attendus mais Lou et ses hommes n'en reviennent pas. Ainsi, c'est cela les *Quartiers Perdus de la République* ? Même les *supers* policiers ou *supers* gendarmes doivent renoncer, ne serait-ce que temporairement. Que n'a-t-on pas fait pour créer ainsi des enclaves hors Etat ?

Lou s'est isolée dans ses songes alors qu'autour d'elle les *Robocops* s'équipent et se concertent dans un calme impressionnant. Cinq hommes ont été légèrement blessés, ils se laissent soigner sans une plainte et déjà trois fourgons supplémentaires arrivent.

Dans une heure aura lieu le deuxième assaut, avec tirs conjoints des toits alentours. Quarante policiers.

Ils n'ont aucune chance.

A neuf heures quarante-cinq exactement, le second assaut est lancé. Des fumigènes précédent l'avancée des policiers et les tireurs explosent toutes les fenêtres, mais il n'y a aucune résistance, et pour cause, le haut de la tour est entièrement vide. Ils ont fui par un autre toit, un passage artisanal fait d'une passerelle métallique.

**

L'article de Lyon Capitale trône sur la table de Rosa. Saba n'arrête pas de le lire.

Saba et Deko, deux pépites venues de Somalie.

Arrivés à Lyon, il y a presque un an, Saba et Deko Traoré ont commencé à jouer dans un restaurant des pentes de la Croix-Rousse, puis dans un pub du Vieux Lyon. Le succès local est immédiat et le bouche-à-oreille et quelques rencontres les amèneront pour une soirée au Transbordeur, le dimanche 29 mars. Leur musique inédite faite de chants, guitare et piano virtuose ne ressemble à aucun son déjà entendu. Pour la voix, on pense à une Tracy Chapman africaine, pour le piano, un Jamie Cullum somalien.

Vivement recommandé !

* *

Lou oscille entre la colère et le dépit. Lopes envolé, ce sont des semaines, des mois de traque à nouveau. Et le Commissaire Genesio qu'elle doit voir dans dix minutes… Son calvaire.

— Si j'ai bien compris - dites-moi si je me trompe Capitaine - quarante hommes, du matériel de haute volée, une liberté d'intervention totale et aucune arrestation. C'est bien cela ?
— Vous avez bien résumé la situation, Commissaire.
— Des blessés de notre côté, pas une égratignure dans le camp adverse.
— Vous avez vraiment une grande clairvoyance, Commissaire.
— Vous vous foutez de ma gueule, Capitaine Grimaud ?
— Je ne me permettrais pas, Commissaire.
— Bien, que comptez-vous faire dans l'immédiat ?

— Dans l'immédiat, je ne sais pas, mais je suis tout à fait disposée à suivre vos précieux conseils, Commissaire.

— Sortez !

La réunion de débriefing sur l'assaut manqué vient de se terminer. Deux heures de gros temps. Le constat est, effectivement, désolant. Pas un indice, des blessés, un quartier sous tension et cet armement lourd qui les a repoussés et qui est très inquiétant. Qui fait la loi désormais ?

Seules les mains de Chauveau et sa bouche gourmande pouvaient dénouer les nœuds de stress et d'angoisse de sa Louve apprivoisée… C'est ce qu'il fit avec tendresse et douceur. Puis elle se lova en cuiller dans son dos et ils s'endormirent profondément pour quelques heures.

**

Le concert approche et ils passent des heures à peaufiner l'enchaînement des morceaux, de nouveaux arrangements, l'ajustement des paroles sur les mélodies. Un travail de musiciens avant un concert. On leur a proposé un bassiste et un percussionniste mais, si l'idée peut les intéresser à terme, ils préfèrent proposer pour leur premier concert important, une version pure de leur musique.

Saba est si heureuse que Deko n'ose lui confier son inquiétude. S'exposer ainsi dans une salle si comble l'effraie. Et si l'homme qui l'a agressé en profitait ? Cette idée l'empêche de dormir et il finit par appeler la Capitaine Grimaud pour lui en parler. Celle-ci, très attentive, une fois de plus, l'invite à venir la voir le surlendemain.

* *

— J'ai quelque chose à vous proposer…

L'intonation de la voix et ce qu'elle dit fait lever aussitôt les yeux de ses hommes dans sa direction. Chacun suspend son geste et attend la suite.

— Deko Traoré, le pianiste sur qui Lopes a tiré, m'a appelée hier. Il est inquiet. Avec sa sœur, ils ont un concert important dans une semaine, au Transbordeur. Et je comprends son inquiétude… On a bien vu que Lopes a adopté une conduite guerrière jusqu'au-boutiste. Je pense que c'est, contrairement aux apparences, un grand signe de faiblesse chez lui et comme s'il n'avait plus rien à perdre. Il a perdu sa zone de deal, même s'il a éliminé ses concurrents, la fusillade qui a eu lieu l'a grillé définitivement à Vénissieux. On a vu qu'il était extrêmement rancunier et violent et…

— Tu veux le piéger ce jour-là ! coupe Chauveau admiratif et inquiet.

Personne ne dit plus rien. L'idée fait son chemin à une vitesse ahurissante et chacun pèse déjà le pour et le contre, les possibilités, les difficultés, les enjeux, le nombre de personnes nécessaires, les risques, les chances de réussir.

— J'ai convoqué Deko Traoré pour demain matin. On a la journée pour réfléchir à ce qu'on va mettre en place et définir ce qu'on lui révèle vraiment.

* *

Deko prend place autour de la table de réunion. Ils sont tous là. Lou, Ravier, Violeau, Chauveau. Quatuor disparate mais complémentaire. Tous différents, faits d'un bois particulier dont l'assemblage forme une marqueterie parfaite. Deko est intimidé. Il dit à nouveau ses craintes, sa vie particulière avec ces policiers qui le veillent. Le concert à venir. Son enthousiasme. Ses peurs.

Pendant une heure et demie. On lui explique l'enjeu. Le peu de chance de réussir à attirer Lopes mais l'infime possibilité à tenter. Le dispositif policier. L'absence de risque pour lui et sa sœur. Le concert qu'il faut mettre en avant. L'importance de ne penser qu'à sa musique.

Quand Deko rentre chez lui, il a du mal à annoncer la nouvelle à sa sœur. Elle réagit assez mal, ne voyant ce concert que comme un événement exceptionnel. Fête gâchée…

Puis, la soirée passant, elle commence à accepter. Et si ce concert était la fin de leurs ennuis et le début d'une carrière ? Elle s'accroche à cette pensée, aussi fort qu'elle le peut.

Les gifles du sel cesseront-elles un jour ?

La peur me pousse au ventre

Comme un soc éventreur

Je voudrais rimer les Bonheurs

Sortir des brouillards enfin

M'extraire de leurs entrailles

Tel un nageur ruisselant

Retrouver mes rives

Un monde de rosée et de sucs

**

Le dispositif se met en place avec sérieux. Chaque détail est évalué, soupesé, contrôlé. Lou peut compter sur une vingtaine d'hommes en civil dans la salle de concert, autant à l'extérieur en armes et en tenue. C'est énorme. Mobiliser une telle troupe est une responsabilité pesante, un coût faramineux. Elle craint que cela soit inutile. Mais elle tait ses doutes, un principe de base quand on manage une équipe. Il reste deux jours de préparation. On a amplifié la publicité autour de ce concert. On jouera à guichets fermés. Autant de soucis en plus. Lopes ne peut pas être passé à côté de l'information. Mais viendra-t-il ?

Chaque homme ou femme présent jouera le rôle d'un spectateur, d'un serveur ou d'un guichetier. Il faut préparer chaque fonction avec le même professionnalisme que le ferait un véritable acteur de ce concert. Lou et son équipe seront cachés, ils ont tous croisé Lopes lors de son arrestation.

Pour décompresser un peu, Lou rentre à pied. Les berges de la Saône sont étroites mais la proximité de l'eau l'apaise toujours. La mer lui fait cet effet aussi. Elle croise toute une ribambelle de gens qui semblent normaux. Ni voleur, ni dealer, ni violent. Se rappeler cela de temps en temps est salutaire. La majorité des personnes se comporte assez bien. Elle, elle ne s'occupe que de la marge dissonante.

Les passerelles qui enjambent les deux rives, métalliques et rouges, lui rappellent son enfance, quand elle se promenait avec son père et que celui-ci lui racontait l'histoire de sa ville, ses mystères, ses incohérences.

Il lui manque. Parfois par bouffées de désespoir, d'autres fois de manière plus diffuse. Sa mère est morte quand elle était enfant. Pas d'autres souvenirs que ceux fabriqués par les photos qu'elle a rangées dans une boîte en acajou.

Ce soir, le ciel est baroque, surchargé de nuages exubérants, la lumière est pompeuse, le vent exagère. Bach est aux manettes. Lou devrait presser le pas, mais elle reste là, face aux éléments qui préparent une sacrée fête. Offerte, elle attend l'étincelle.

**

La foule se presse, calme et serrée. La sono diffuse un rock lent dont les basses font trembler les bières dans les gobelets saturés de mousse. Les gens rient, plaisantent, ils sont heureux d'être là. Deux heures à oublier le temps, les affres de la vie. Un cadeau.

Les hommes et les femmes en place masquent au mieux l'oreillette qui les relie à Lou. Sous un chèche, un foulard, un col relevé ou roulé. Au fond du parking, camouflés, des hommes en armes attendent silencieusement. Ils en ont l'habitude. Le guet et l'attente sont la base de leur métier. Une fois sur deux, ils se déplacent pour rien mais ils sont toujours prêts à bondir.

Cinq minutes avant le début du concert, la tension monte. On ne signale aucune présence suspecte à l'extérieur. Lou, derrière la scène, est au comble de l'attention. Silencieuse, immobile et minérale. Chauveau pourrait pleurer quand il la voit ainsi. Sa beauté est à pierre fendre…

Enfin, le noir. Après quelques applaudissements d'impatience, le piano de Deko dévale dans la salle, comme un torrent printanier. Incroyable le son qu'il obtient de son clavier, et cette main gauche, un régal. Des notes d'un classicisme épuré et inattendu, un son inédit. Après son intro, une minute environ, Saba entre sur scène dans un halo bleuté. Son crâne entièrement rasé lui donne des allures de sculpture africaine. Vêtue de blanc, on dirait un spectre illuminé de l'intérieur.

Après quelques arpèges de guitare, sa voix monte, grave, presque rauque. Tous les yeux sont braqués sur elle. Le public est gagné. Les chansons s'enchaînent comme des sucreries.

Une heure passe. Lou est toujours à l'affût mais satisfaite de voir que les deux musiciens vivent leur musique pleinement, apparemment loin du danger potentiel. Ils ont vraiment beaucoup de talent et elle se promet de prendre le temps de les écouter quand tout sera terminé.

Puis, alors que la foule applaudit à tout rompre un morceau particulièrement émouvant, un des hommes posté au bar aperçoit une ombre en mouvement. Un déplacement peu logique par rapport à la scène, à l'attention et à la communion du public. Immédiatement averties, toutes les personnes en place le cherchent du regard, aussi discrètement que possible. L'homme se déplace en diagonale, de l'entrée vers le bord de la scène qu'il a du mal à atteindre à cause de l'affluence. Au bout de trois minutes d'effort, il se fige à quelques mètres de Deko.

Il reste immobile le temps d'une chanson puis, lors des applaudissements, allonge le bras et semble brandir une arme. Aussitôt, deux hommes le bousculent, un troisième le désarme alors qu'un quatrième immobilise ses bras sans ménagement.

Deux minutes plus tard, il est allongé par terre devant un des fourgons situé sur le parking.

Dans la salle, le concert continue, personne n'a rien remarqué. Lopes est emmené en garde à vue. Lou demande qu'on le laisse seul durant la nuit, afin qu'il mijote. L'interrogatoire commencera le lendemain, à neuf heures.

Les hommes rangent leur matériel sans un mot. Calmes et tranquilles. Pas un coup de feu, pas un accroc.

* *

Chauveau regarde Lou. Le matin, elle prend toujours un grand bol de café noir dont l'odeur emplit l'air de la cuisine. Elle lui sourit, silencieuse. Elle est déjà dans la salle d'interrogatoire. Il sait qu'elle va être redoutable.

Lopes a le visage dévasté par la fatigue et la tension. Lou le regarde derrière la vitre sans tain. Certains êtres sont consumés très tôt, songe-t-elle, c'est son cas. Une vie de chaos, de violence et de fuites.

Quand on l'assoit face à elle, elle le fixe puis, sans un mot, branche la caméra numérique, regarde les yeux de ses hommes présents et entame sans ambages. Pas question de le tutoyer.

— Cette fois, vous allez avoir du mal à vous faire libérer par vos avocats ou nier les faits Monsieur Lopes. Puis-je savoir pourquoi vous avez tenté, par deux fois, de tuer Monsieur Traoré ?

— Vous le savez très bien Capitaine. Cet homme est un assassin, il a tué un de mes hommes.

— Oui, il a reconnu avoir heurté Monsieur Koné, mais c'est un simple accident de circulation apparemment.
— Vous êtes bien naïve, Capitaine. Traoré est un assassin.
— Et quel serait son mobile alors ?

Lou sait qu'elle marque un point. Il ne peut justifier que Koné ait agressé Traoré.

— Je ne sais pas, mais j'ai un témoin qui a tout vu.
— Intéressant, pouvez-vous pouvez me donner son nom ?

Lopes baisse les yeux, il est coincé.

Lou enchaîne.

— Que sont devenus Messieurs Benzia et Mammana, les deux hommes qu'on avait arrêtés en même temps que vous lors du meurtre du jeune pompier ?
— Aucune nouvelle… toujours au bled sans doute…

Les mimiques de Lopes sont tellement parlantes, pense Lou. Elle sait que nous en possédons vingt-et-une. Elle connaît parfaitement ce langage corporel ou facial. Ces mouvements visibles, à peine perceptibles, des muscles du visage exprimant ce qu'une personne ressent et comment elle réagit. Les yeux et la bouche, les parties du visage les plus mobiles. Lire en elles est souvent facile. Les sentiments tels que la joie, le deuil ou la tristesse, le dégoût, la colère ou l'ennui sont faciles à identifier. Là, elle relève l'arrogance, la prétention mais aussi l'incrédulité et le scepticisme. Elle continue.

— Pourquoi avez-vous tué Monsieur Devaquez, le pompier ?
— C'est une obsession chez vous !

— Nous avons avancé depuis la dernière fois…

Lopes lève un sourcil, surpris.

— Non seulement les vidéos sont assez claires désormais, nettoyées. Mais nous avons découvert votre passé commun. Même le mobile, nous le connaissons… les années collège, le lycée, l'accident…

Lopes est abattu. Là, le dégoût, l'acceptation, la culpabilité. Après quelques secondes, il tente.

— Pourtant, on avait commencé une relation de confiance, vous et moi. Je vous aimais bien, on avait…
— Laisse tomber, coupe Lou.

Cette tentative d'apitoiement la dégoûte.

— Et puis, vous savez, continue-t-il, le pompier… ce n'est qu'une victime du système. Il savait bien qu'en tant que pompier, il prenait des risques et…
— Il a été assassiné ! Avez-vous la moindre idée de ce qu'est un état de droit, Monsieur Lopes ?

Elle comprend bien que c'est inutile. Lopes est un homme intelligent mais complètement déstructuré. C'est un de ses enfants perdus de la République. Il prend ce qu'il veut et se débarrasse des gêneurs, quelles qu'en soient les conséquences. En toute impunité. Il n'a aucune empathie. Seuls comptent ses désirs, son autorité, ses intérêts. Après deux heures d'interrogatoire, sans émotion, il finit par avouer le coup mortel porté à Devaquez, l'affrontement avec les Albanais, le meurtre de leur chef.

Sa carrière est terminée.

Une fois Lopes ramené en cellule, les brouhahas de satisfaction emplissent la pièce. Chauveau s'approche de Lou et lui murmure.

— Du coup on fait quoi pour la mort de Koné ? On enquête à nouveau sur notre musicien ?
— On laisse tomber. Pas de témoin audible, pas de charges…

Ils se sourient puis rejoignent les autres tout à leur joie.

**

Il y a des jours où la vie abat ses cartes. Il y a des jours où le jeu est bon. Il faut savoir guetter ces signes. Lou les voit.

Assise dans les premiers rangs de la Chapelle de La Trinité, elle laisse aller son regard vers les voûtes, les vitraux, les ogives, les lustres. Chauveau est à côté d'elle. Ravier et Violeau, quelques rangs derrière. Rosa aide les spectateurs à trouver une place libre. Il y a beaucoup de monde. Saba et Deko vont jouer dans un instant et elle pense à cet incroyable destin qui les a menés de Mogadiscio à cette chapelle baroque du dix-septième siècle.

Les lumières s'éteignent et ils montent sur la petite scène. Ils sont incroyablement élégants. Lui, en pantalon noir, chemise blanche. Elle, dans la même tenue, couleurs inversées.

Les notes de piano montent doucement le long des piliers, se retrouvant dans les croisées d'ogives avant de planer jusqu'aux oreilles attentives des spectateurs. Le son est pur et aérien. La main gauche de Deko semble animée d'une vivacité ahurissante.

Puis la voix de Saba monte jusqu'aux angelots qui n'en reviennent pas de tant de beauté.

Les oiseaux, Nantis du Ciel

S'envolent tels des sourcils froncés

Puis, un fétu de vent les ravise

Alors, ils querellent les nuages

Traversant leurs panses épanouies

Ils s'écorchent,

Provoquant une pluie agacée

Comme une salive poisseuse.

**

En rentrant, dans les bras de Chauveau, Lou regarde le ciel, comme toujours. Au loin, des nuages blancs, révélés par la lune, ressemblent à des torsades de beurre. Ils s'étirent en chevelure paresseuse. Au sol, leurs ombres allongées par les réverbères tremblent à l'unisson.

Elle sourit.

Croisières méditerranéennes

Bernard Lavilliers

Venues des hauts plateaux
Incendiées par la guerre
Écrasées de soleil
Les fourmis silencieuses
Fouettées par la poussière
Dévorées par le sel
On avait tous un jour
Imaginé la mer
Et la douceur du vent
Mais dans cette nuit noire
Qu'on a payée si cher
On coule en dérivant
Croisières méditerranéennes
Sourires carnassiers des murènes
Très loin des sirènes italiennes
Tu atteindras ces rives sombres
Très près des côtes siciliennes
Les vierges noires comme une traîne
Imaginez la mer qu'on a payée si cher
Imaginez la mer

On est venu de loin

Plus loin que tes repères

A des millions de pas

On est venu à pied

Du fond de la misère

Ne nous arrête pas

Retourne à la maison

Mais si j'en avais une

Je serais pas là

Et la mer engloutit

Dans un rouleau d'écume

Mon chant et puis ma voix

Croisières méditerranéennes

Sourires carnassiers des murènes

Très loin des sirènes italiennes

Tu atteindras ces rives sombres

Très près des côtes siciliennes

Les vierges noires comme une traîne

Imaginez la mer qu'on a payée si cher

Imaginez la mer

On est venu de loin

Plus loin que tes repères

A des millions de pas

On est venu à pied

Du fond de la misère

Ne nous arrête pas

Retourne à la maison

Mais si j'en avais une

Je ne serais pas là

Et la mer engloutit

Dans un rouleau d'écume

Mon chant et puis ma voix

Croisières méditerranéennes

Sourires carnassiers des murènes

Très loin des sirènes italiennes

Tu atteindras ces rives sombres

Très près des côtes siciliennes

Les vierges noires comme une traîne

Imaginez la mer qu'on a payée si cher

Imaginez la mer

Nous dormons dans des villes

Ombres parmi les ombres

Les longs couteaux tirés

A deux doigts de l'Europe

Qu'on a rêvé si fort

Qu'on commence à douter

Tu es resté debout

Devant les barbelés

Sous le ciel minéral

Tu commences à ramper

En dessous du silence

Et dans l'oubli total

Croisières méditerranéennes

Sourires carnassiers des murènes

Très loin des sirènes italiennes

Tu atteindras ces rives sombres

Très près des côtes siciliennes

Les vierges noires comme une traîne

Imaginez la mer qu'on a payée si cher

Imaginez la mer

Discographie Blue :

You're missing (Bruce Springsteen)

Les impromptus (Schubert)

Miserere (Allegri)

Summertime (Janis Joplin)

Lilac Wine (Jeff Buckley)

Slow learner (Mark Knopfler)

Old Love (Eric Clapton)

This woman's work (Kate Bush)

Miss Otis regret (Bryan Ferry)

Unintended (Muse)

Thank U (Alanis Morissette)

Magic (Coldplay)

Gold Shadow (Asaf Avidan)

Walk away (Ben Harper)

Have a little faith in me (John Hiatt)

Things behind the sun (Nick Drake)

Pure imagination (Jamie Cullum)

Better days (Graham Nash)

One day i'll fly away (Keith Jarrett)

Remerciements

Merci à Baby Bel, Pateric et Poca pour leurs corrections, propositions et remarques constructives et bienveillantes.

J'ai suivi leurs conseils, le plus souvent…

Merci à Mat pour le beau site : jeanpierrechiron.fr

Merci à mes amis de la Soirée Rhum pour l'inspiration et la chaleur.

Achevé d'imprimer chez SoBook le 23-10-2021

Linselles - France

N° impression : 728 348